改正
研究開発力
強化法

塩谷 立・渡海 紀三朗・小坂 憲次
斉藤 鉄夫・後藤 茂之・古川 俊治
編

大塚 拓・伊藤 渉・大野 敬太郎
小松 裕・宮崎 謙介・山下 貴司
著

科学新聞社

はじめに

日本は今、新たな成長と繁栄の一時代を画すべく、政策を総動員している。大規模な金融緩和や財政出動により凍てついた経済を揺さぶり起こすとともに、さまざまな規制改革を矢継ぎ早に実施することで、日本経済の持つポテンシャルを最大限発揮させることを企図し、すでにその成果は表れつつあるといっていいだろう。

しかし、人口減少や厳しい財政状況という歴史上稀にみる大きな壁を乗り越え、長期的な経済成長を成し遂げるためには、それだけでは十分でない。日本自身が科学技術のフロンティア分野を開拓し、市場におけるゲームのルールを変えてしまうような「破壊的（disruptive）イノベーション」を次々と生み出すことで、日本経済そのものが持つ潜在成長力を大きく引き上げていく、そのための「社会システム」がなくてはならない。

では、現在の日本のシステムは、こうした「破壊的イノベーション」を引き起こし、新たな市場を生み、長期的な潜在成長力の向上を実現することができるようなものになっているのか。

残念ながら、その答えは「否」であろう。

中国や韓国などは苛烈な勢いで研究開発に資源を配分し、政府の機構改革、組織改革にも取り組んでいる。さらには有能な海外人材の獲得、自国人材の海外からの呼び戻しなどにより、研究開発レベルは急ピッチで向上している。

また、我が国の研究開発は多くを民間企業に負ってきたところであるが、民間部門においても、急速なキャッチアップによりその相対的優位性は揺らいでいるといえよう。

このような中、日本だけが資源配分を抑制し、制度的な制約も国際的に見て非常識というほど高い水準のまま放置してきた。

こうした強い危機意識の下、平成二〇年には、自民・公明・民主の議員立法により、研究開発力強化法が成立し、いくつかの制度的な隘路が解消された。だが、関係者の間ではこれではまだまだ積み残しの課題が多くあるという認識が共有されており、施行後三年以内に法律を見直すことが附則に明記された。しかし、二度の政権交代の中で、予定していた時期での見直しはできなかった。

その後、年月を経る中、諸外国の制度改革や研究開発はさらに進んだ。ここで抜本的な改革を断行しなければ、日本は競争から脱落してしまうかもしれない。関係者の危機感が高まる中、自民党の科学技術・イノベーション戦略調査会で議論が始まった。

時期を同じくして、山中伸弥・京大教授が「労働契約法の改正により、五年を超えて有期雇用契約を更新できないと研究現場に大きな影響が生じてしまう」と訴えたことも議論を加速させた。

また、制度的な制約は数多くあるが、その一つに研究開発法人の問題があった。日本の研究開発を中心になって支えるべき研究開発法人のガバナンスが、賃貸マンションを運営している独立行政法人と同じルールで管理されてきた。これによって、たとえば世界で唯一の研究開発機器の開発においても競争入札が行われ、庞大なペーパーワークが発生し、調達にも数カ月という時間を浪費し、そのことによって本来、研究開発に邁進しなければならない研究者が忙殺されるといった問題が起きていた。

デュアルユースや、安全保障上のニーズをきっかけにした研究開発については、戦後の安全保障アレルギーも背景に、政府部内での資源配分方針においても、諸外国に大きく劣後した状態が続いていた。諸外国において、こうした分野から出てきた成果が社会をドラスティックに変える原動力になってきたのは歴史的事実である。この道が閉ざされてきたということは、我が国の研究開発における大きな課題の一つである。

また、研究開発は研究者だけでなく、その他の専門性を持ったチームで進めなければならないが、我が国においてはチームを支える研究以外の専門性を持った人材が軽視されてきた。このために、諸外国と比べて、研究者が研究に専念できない状況に置かれてきた。

こうした問題意識を持って議論を進めたものの、政府部内の予算管理部門などからは強い抵抗があった。だが、単に予算を削り込むという表面的な「効率化」が、結果として投資効率を落とし、さらには研究開発力そのものを低下させてしまうことは、この十数年の政策の結果から明らかだった。しかし、政府部内での調整では状況が打開できずにいたため、自民党の調査会で平成二五年五月「我が国の研究開発力強化に関する提言（中間報告）」を取りまとめた。その内容を、公明党との調整を経た上で法制化したのが、「改正 研究開発力強化法」だ。

この法律が成立したことで、すでにその成果は出てきている。労働契約法には特例が設けられ、一〇年までの任期付き契約が可能になった。独立行政法人の中に国立研究開発法人という新しい類型が盛り込まれ、研究開発の特性を生かした法人運営ができるようになった。さらには世界トップレベルで競争するための制度として、特定国立研究開発法人制度の設置に向けた準備も進んでいる。また、安全保障分野も含める形で、世の中にドラスティックな変化をもたらすハイリスク研究に資源配分する仕組み（ＩｍＰＡＣＴ）も新たに創設した。

しかし、日本の研究開発システムについては、まだまだ課題が山積している。中間報告に盛り込まれた事項でも、間接経費の問題など、実現途上にあることも残されている。また、行政組織間における調整によらず、真に戦略的な資源配分を実現するために、強力なリーダーシップが発揮できる体制の整備も必要であろう。

いずれにしろ、まずは改正研究開発力強化法の趣旨を踏まえた政策運営がなされていくか、常にフォローアップしていく必要がある。そのためにも、法制化に尽力した関係者の思いとともに、法律の制定経緯、改正法の条文を解説し、本書において取りまとめた。

本書の前半には、研究開発力強化法改正検討チームのメンバーによる座談会、後半には、改正研究開発力強化法の逐条解説等、さらに関係資料集として、改正法に係る通知文書等を収録した。

座談会では、関係者の問題意識や、個々の条文に落とし込まれた背景、また日本の科学技術政策の今後の展望などについて、日本のトップ研究者と科学技術政策に取り組んでいる国会議員とが闊達《かったつ》な議論を行った。逐条解説においては、本法の理解に資するべく、具体例なども盛り込み解説している。なお、条文の解説にあたっては、利用者の便宜を考慮し、研究開発力強化法制定時に出版された逐条解説書である『研究開発力強化法　日本の研究開発システム改革のゆくえ』（林芳正、福島豊、鈴木寛共著、科学新聞社刊）における条文解説のうち、今回の改正により影響を受けなかった条文に関するものについては、著作権者である科学新聞社の了解を得て、そのまま掲載している。

国や地方自治体の関係者、大学・研究機関等でマネジメントを行う関係者、産学官連携や国家プロジェクトなどに取り組む企業の担当者をはじめ、科学技術政策に関心を持たれている皆様に、我が国の科学技術政策の理解の一助として、また政策の企画・立案・評価や研究開発現場で実際に改正法を適用するにあたっての指針として、本書をご活用いただければ幸いである。

編　者

二〇一五年七月

改正　研究開発力強化法　目次

はじめに　iii

第一章　座談会特集……………………………………………………1

座談会①　研究開発力強化法改正をめぐって　2

〈出席者〉山中伸弥氏（京都大学iPS細胞研究所長・教授）
塩谷立氏（科学技術・イノベーション戦略調査会会長）
渡海紀三朗氏（司令塔機能強化小委員会委員長）
小坂憲次氏（研究開発力強化小委員会委員長）
〈司会〉大塚拓氏（研究開発力強化小委員会主査）

座談会②　改正研究開発力強化法の成立とデュアルユース研究開発システム　38

〈出席者〉角南篤氏（政策研究大学院大学教授）
塩谷立氏（衆議院議員）
渡海紀三朗氏（衆議院議員）
小坂憲次氏（参議院議員）

古川俊治氏（参議院議員）
大野敬太郎氏（衆議院議員）
〈司会〉　大塚拓氏（衆議院議員）

座談会③　研究開発機関のあり方、国の役割、科学技術分野の人材育成　69
〈出席者〉野依良治氏（理化学研究所理事長）
塩谷立氏（衆議院議員）
渡海紀三朗氏（衆議院議員）
小坂憲次氏（参議院議員）
後藤茂之氏（衆議院議員）
伊藤渉氏（衆議院議員）
古川俊治氏（参議院議員）
大野敬太郎氏（衆議院議員）
小松裕氏（衆議院議員）
宮崎謙介氏（衆議院議員）
山下貴司氏（衆議院議員）
〈司会〉　大塚拓氏（衆議院議員）

第一章　座談会特集

　山中伸弥教授の問題提起をきっかけに、研究開発人材の雇用問題が研究開発力強化法改正の契機となった。座談会①では、研究開発人材を活かすための環境整備を中心に、研究開発法人のあり方、世界的ブレイン・サーキュレーションに取り残されないための方策、政府科学技術顧問の設置をはじめとする司令塔機能の強化、ハイリスク研究への投資のあり方、研究不正問題への対応策に至るまで広範な議論が行われた。

　これまで日本では、あまり正面から語られてこなかったデュアルユース問題。座談会②では、角南篤・政策研究大学院大学教授をゲストに、ＤＡＲＰＡを参考にして創設されたＩｍＰＡＣＴを一つの事例として、デュアルユースについて各議員が本音で語った。

　研究開発力強化法改正により、国立研究開発法人制度がスタートした。世界トップレベルの研究開発を国として主導するためには、何が必要なのか。座談会③では、野依良治氏を中心にオープンイノベーションのための環境構築、目利き人材の活用、社会とのコミュニケーション、求められる組織のあり方などについて議論が展開された。

座談会①　研究開発力強化法改正をめぐって

〈出席者〉

山中　伸弥　氏（京都大学iPS細胞研究所長・教授）

塩谷　立　氏（科学技術・イノベーション戦略調査会会長）

渡海紀三朗　氏（司令塔機能強化小委員会委員長）

小坂　憲次　氏（研究開発力強化小委員会委員長）

【司会】

大塚　拓　氏（研究開発力強化小委員会主査）

写真左より、渡海紀三朗、塩谷立、山中伸弥、小坂憲次、大塚拓の各氏。平成26年9月2日、東京・自由民主党本部「リバティ」にて。

研究開発力強化法改正の問題意識

大塚　本日は、昨年成立しました改正研究開発力強化法についてご議論いただきたいということで、はるばる京都から山中先生にもお越しいただきました。

平成二〇年、わが国の研究開発システムが、制度面でいろいろと手直ししなければいけない段階にあるという問題意識に基づき、超党派の議員立法として研究開発力強化法が成立いたしました。本来、法律の附則により、法の運用を見て、改善の必要性が明らかになった点などを踏まえ、平成二三年にさらなる見直しをする予定となっておりましたが、二度の政権交代を挟んで、そういったプロセスが停滞しておりました。

その間に世界の情勢も大きく変わってきていて、特に、中国、韓国といった新興勢のキャッチアップが著しいという危機感が高まっておりました。論文数などで見ると、すでに中国に大きく追い越されたという状況も見られていたところでございます。

そうした中で、特に山中先生から、iPS細胞の研究に関連して、平成二五年の労働契約法の改正の副作用で、有期契約でプロジェクトに参画する研究者あるいは研究支援人材が、最長でも五年でプロジェクトを離れなければならなくなってしまったため、このままの状況を放置すると、iPS細胞研究も立ち行かなくなる恐れが極めて高い、そしてこういう状況が全国の研究現場で続発するのではないか――このような危機感を衆参両院議長への申し入れをはじめ、国会にさまざまな形でお伝えいただいておりました。

さらには、これまで独法通則法の下で、国の研究開発法人は、賃貸住宅を所管している独立行政法人都市再生機構（UR都市機構）などと同じガバナンスの仕組みで管理されてきました。これではなかなか世界の最先端の研究機関と対等に戦えないという状況がはっきりしてきていました。また、制度的制約の下、国際的な頭脳循環の流れの中でも、日本が世界の中で取り残されてしまっている。こうした状況認識の下、自民党の科学技術・イノベーション戦略調査会で、研究開発力強化法を大改正して、科学技術イノベーションに寄せられる大きな期待に対応できる体制を整えていかなければならないということで、法改正の作業に着手いたしました。

具体的には、平成二五年の春から本格的に議論をスタートしまして、夏には、「我が国の研究開発力強化に関する提言（中間報告）」という形で取りまとめをいたしました。それをもとに、秋の臨時国会において改正研究開発力強化法ということで、かなり大部にわたる議員立法を取りまとめ、成立させたところでございます。

塩谷　今、大塚先生からお話がございましたように、安倍政権になって、とにかく世界で最もイノベーションに適した国にしようということで、われわれ、科学技術・イノベーション戦略調査会としては、二つのチームを立ち上げまして、一つは司令塔機能の強化。これは渡海先生に小委員長をしていただいて三月に提言を出しました。もう一つが研究開発力強化法の改正で、これを小委員会として小坂先生に委員長をしていただいてスタートしたわけでございます。

もともと平成二〇年にこの法律ができて、残念ながら途中政権が変わったということでなかなか改正もされなかったものですから、そういう中で、われわれは、日本としてはこの改正と科学技術政策がもっともっと世界の中でしっかりと成長できるようにという思いで取り組んだわけでございます。

当初、山中先生の所へお伺いして、そのご意見をもとに、われわれもいくつかのテーマで検討してきたわけでして、それが今国会で成立したということで、いよいよ実行の段階に移りますので、この記録をこれからに生かしていこうということで、今回このような会議を開きました。

大塚　この法をまとめる過程で、京都大学iPS細胞研究所（CiRA）へ視察に行きまして、現場の研究者の皆さん、研究支援者の皆さん、さまざまな職種の皆さんにもご意見を直接お伺いをしたところでございますが、訪問したときのことについて、小坂先生からひと言お願いいたします。

小坂　平成二四年一〇月七日にCiRAのほうに伺って、山中先生と、このように身近に普通に話していてよいのかという雰囲気で、自由闊達《かったつ》に話をさせていただきました。大学のベンチャー関係の皆さんの話も聞けるし、研究者一人ひとりの、有期雇用の人、あるいはスタッフの皆さんからの意見もお聞きして、そのときにお聞きした有期雇用の問題というのは、帰ってきてからの私どもの議論でも非常にヒットした部分でしたね。これは何としても変えなければいけないなと。

　それから給与ベースの問題。いい研究者を連れてくるには、相手の立場を考えたふさわしい待遇をしなければいけない。アメリカの研究者の待遇と日本の研究者の待遇の比較とか、そういった具体例もいろいろな形で教えていただきました。CiRAに行ったことは、チームとして行動した中での一つのエポックメーキングな出来事だったなと、今振り返ってみても、そんな思いを強くします。

山中伸弥氏

大塚　山中先生、今回の法改正に至るまでの問題意識について、コメントいただければと思います。

山中　私は、もちろん日本がメインですけれども、アメリカでも小さな研究室を持って、両方で活動しております。アメリカにいろいろな国の若い研究者、技術者、日本人も含めて来ているのですが、僕の下にも日本の研究者がいます。勤勉さと誠実さ、この二つは、どこの国からの留学生、研究者と比べても完全に日本人がナンバーワンなんですね。どれだけ信頼できるか、どれだけ彼らが頑張るかという点では、間違いなく世界一ですから、日本という国のポテンシャルというのは常に感じます。

一方で、アメリカに行くと、研究者がどうも日本にいるときより幸せそうで、かなり違うなと。それは何が違うのかなと考えてみると、一つは研究者だけではなくて、研究を支える研究支援者というのがしっかりいるのですね。だから、研究者が本当の研究に専念できる。それ以外のことは、それをきちっとやる支援者がいる。研究者は本来クリエイティブな仕事で、事務作業に追われるとクリエイティブなことはできないですから、まずその点がアメリカは非常にうらやましい。

もう一つは、アメリカも非常に競争の社会で、終身雇用というのはなかなか保障されていないのですが、優秀で頑張っている人は、一〇年、二〇年同じ所にずっといますし、給与もどんどん上がっていくというはっきりしたシステムがあるのですね。

それが日本はまだまだ、五年任期であるとか、その後がなかなか見えてこない。また給与も頭打ちで、いくら頑張ってもそんなに増えていかない。その辺の問題というのは常に感じておりましたので、視察に来ていただいて、そういう問題点を、私だけが言うのではなくて、実際の若い研究者であるとか支援者と話していただいたのは、非常に大きな意義があったと思います。

小坂　今、お聞きしていて思い出したのは、まさに特許だとか、ファイナンスだとか、マネジメントの専門家といった、いわゆるリサーチ・アドミニストレーターなどを充実しなければいけないという提言が、あの視察の中から出てきたことの一つでした。

大塚　数字で見ても、日本の場合、研究者一人当たりの研究支援職員の比率というのは有意に諸外国に比べて低いということもございます。それから間接経費率が低いということなど、研究のしにくさというもの、これは後で強化法の意義についてということで議論したいと思いますけれども。

渡海　山中先生とお会いしたのは、ちょうど私が大臣のときに、ヒト由来のｉＰＳ細胞ができたということでご報告いただいたのが強化法改正のスタートなんですね。今、先生が言われたことにも関係しますけれども、そのときに絵を持ってこられて、私は一人でマラソンをやっているけれども、アメリカはチームで駅伝をやっている、しかも駅伝チームがいっぱいある、だから、とてもじゃないが、このままでは勝負にならないという話を今も鮮烈に覚えています。

国会で議長が山中先生を表彰されたときも、私、科学技術・イノベーション推進特別委員長だったものですから、たまたま一緒にいました。ご講演をいただいたときに、今の日本の研究環境の問題、特に、あのとき一番大きかったのは労働契約法の話を先生がされました。最初、あっと思ったんです、そういう話がいきなり出てきたので。でも、インパクトが非常に大きかったと思います。

そういうこともあって小委員会がスタートして、小坂さんたちに大変熱心に議論をしていただいた。これは特に京大のためでも先生のためでもなく、日本のために、それと先生がいつも言われている、これからが大事なんだと。創薬の問題とか、要するに人類にいかに貢献できるかということをやれるような。それをするためには、今の日本の研究の体制ではいろいろな制約、予算ももちろんありますけれども、とても難しいなという意識は非常にありましたので、今回こういう議論ができて、しかも法律改正まで結びついてよかったなと思っています。

大塚　今回は、平成二五年五月一四日に中間提言を取りまとめた後、実際には九月から法制化にかかわる検討チームを立ち上げまして、この中では若手の議員も、研究開発の現場にも通暁《つうぎょう》した議員を含めて活躍していただいて、臨時国会の間に法案を取りまとめ、一二月、閉会ギリギリということになりましたけれども、何とか成立にこぎ着けました。

それで、強化法の意義についてということで、これから少し議論したいのですけれども、大きく言うと四つの柱があると思います。

一つが労働契約法の特例です。ということで、研究開発の現場に合った形で、特に研究現場が労働契約法の影響で極めて危機的な状況に立たされて、これは迅速に手当てをしないといけないということがございました。労働サイドからもいろいろな声もある中で、やはり日本の研究のために必要ということで、さまざまな調整を経て研究開発の現場に合った形で、これを盛り込んだというのが一つの大きな柱です。

二つ目が研究開発法人制度の改革です。調達とか人材の処遇など、さまざまな部分で研究開発の実態に合っていない独法通則法の問題がございました。それを研究開発に適合した形のガバナンスや諸制度を新しい法律で手当てをするということを盛り込みました。

三つ目の柱が、わが国および国民の安全にかかわる研究開発、いわゆる「デュアルユース技術」と呼んでおりますけれども、この分野がわが国においては非常に弱いということがございました。世界で見れば、たとえばインターネットであるとかGPSといった、革新的なイノベーションが短期的な経済合理性から離れた所で生まれてきている。たとえば、アメリカのDARPA（国防高等研究計画局）という機関が有名ですけれども、このルートが日本において極めて弱いという問題意識がございましたので、ここを強化しなければいけないということ。

そして四つ目として、「ブレイン・サーキュレーション」、つまり国際的頭脳循環の流れから日本が完全に取り残されているという状況を改善しなければいけない。

塩谷立氏

こういった問題意識でこの法案を取りまとめたところでございます。これについて、まず会長からひと言お願いいたします。

塩谷　今、お話しいただいたようないくつかの点で法改正をしたわけですが、特に日本の研究者の環境をいかに良くするかということ、これは山中先生から先ほどお話があったように、欧米諸国との違いといったことを考えると、労働契約の立場、それから研究開発法人のあり方、いわゆる研究開発ということに対して根本からもう少し考えて、研究者が思い切った研究ができるようにという観点で相当議論して、労働契約法については、ちょうど労働契約法の改正があって、これをいち早く法律に盛り込んだことは非常によかったと思いますし、今年から施行して、一年間でどの程度成果が出たかというのはまたフォローアップをしていきたいと思います。

それから研究開発法人については、新たな独法通則法の中で、一つのあり方として確立できたということ。しかも、特定国立研究開発法人も、法改正で世界にしっかりと競争力を持つ法人を二つ、理研と産総研を位置付けたわけでして、そういうことも含めて、研究体制を大きく変えたということは非常に意義あることだと思います。

もう一つは、人材育成でブレイン・サーキュレーションの話もありますが、「リサーチ・アドミニストレーター」という支援者の位置付けができたと思います。これについては、これから、資格を与えるのか登録するのか、そういうことも考えていかなければなりません。研究者をしっかり支援するといった位置付けを明確にして、こういった人材も必要だし、また目利き人材とかその他、研究開発にかかわる人材をもっともっと増やしていかないと、最終的には研究開発自体が細くなってしまうということがあります。今回の改正に伴ってこれから実行段階に入りますので、そういった整備をしていくことがこれから必要になってくると思います。そういう点では、われわれは継続して努力していかなければならないと思います。

大塚　労働契約法については、今回の法改正で、有期雇用契約の上限が従前一律で原則五年となっていたものを、研究開発に関してはその特性を踏まえ、一〇年ということにしたところです。もっと抜本的な改革が必要ではないかという声もあったわけですけれども、事の緊急性というものも鑑みまして、まずは一〇年に延長すればプロジェクトとしては成立するであろうという現場のご意見も拝聴した上で、そのようにしたわけですけれども、この部分、山中先生はどのように評価されているでしょうか。

山中　労働契約法が改正されたときは、相当危機感を持ちました。前から、特に支援者の雇用を安定化させようと、寄附活動も含めて資金面をまず確保しようと思っていて、多くの方々のご支援のおかげで順調に寄附金が集まっているのですが、そこで突然労働契約法の改正が出てきまして、お金があっても、五年を超えると大学で有期の雇用契約を継続できない。大学は終身雇用というのは定員が決まってしまっていますので、しかも定員削減で総数は減っていますから、これは大変なことになると、みんなが浮き足立ってしまって、実際の契約更新は五年後ですが、その前に良い職があったら替わってしまう。優秀な人ほど職がありますから、どんどん抜けていってしまうということで、先生方にお願いして、今回急遽《きゅうきょ》、有期雇用の期間を五年から一〇年にしていただいたというので、かなりの人は安心されたと思います。同時に、一〇年後にはそういう方々がクライシスになりますから、それはまた何とか対策を立てないと、今三〇歳の人は四〇歳になり、四〇歳の方は五〇歳になって、いよいよ転職が利かない年齢になってきますので、そこをまた次の問題として、国の制度も必要でしょうし、大学側も柔軟に雇用システムを変えていかないとだめではないかなと思っています。

小坂　今まさに山中先生がおっしゃったとおりでして、それでは五年をただ延ばせばいいのかというと、一〇年にすれば今度は一〇年安定して仕事はできるけれども、一〇年後に自分は何歳になっているのだろう、そのときの再就職の先があるのだろうかと考えると、ここで延長してもらったほうがいいのかどうかということを、逆に現場の人たちは迷っていらっしゃる。当初私どもは、ともかく五年を一〇年にしなければいけない、そればかり考えていたのですが、必ずしもそうではないらしいと。現場の意見を聞いてみると、それはケース・バイ・ケースの部分がある。やはり大学の終身雇用の定員枠との関係とか、単純な問題ではないのだなというのは、そこで再認識されたのですね。その中で、では、具体的には五年を七年にすればいいのか、一〇年にすればいいのかという問題から、あるいはそこで選択制みたいなものを入れればよいのかとか、いろいろなパターンを研究して、その議論の結果として、取りあえずというか、当面の結論として今回の一〇年というところになったわけです。

今回の改正強化法の意義という点は、逆に言えば、提言の部分のどこまで実現できたかというのが、その意義に重なってくると思うのですね。提言の中には、研究人材の関係と研究基盤関係と組織・制度関係という三つの大きな柱があって、全部で五つの提言をしたのです。

最初の提言は、革新的研究を担う優秀な研究者を育成するということ。二番目の提言は、わが国を頭脳循環に組み込ませて、世界から優れた研究者を集めるということ。三番目は、世界最高水準の研究環境を整備する。四番目は、革新的成果を生む研究活動を促進する。そして最後に五番目として、世界最高水準の法人運営を可能とする制度を創設する。これによって、安倍総理の言う、世界で最もイノベーションに適した国を実現する。

この提言は、私どもが塩谷会長の下でまとめたわけですが、そこには司令塔機能をしっかりさせなければいけないということで、渡海小委員長の司令塔機能の提言が出て、それを受けて全体の提言が非常によくまとまってきたと思うのですね。これをいろいろな関係方面に説明しながら、デュアルユースの問題、あるいはリサーチ・アドミニストレーターの制度を確認する、あるいは目利き人材をどうやって育成したらいいのだろうかとか、そういった問題に入っていって、今ご説明になった四つの強化法の意義の大項目の部分がクローズアップされてきたと思います。

大塚　今、小坂先生からもご指摘がございましたように、ブレイン・サーキュレーションというと、海外と日本ということが注目されていますけれども、国内の人材の流動性というものも、日本の場合、非常に低いという問題があるかと思います。

渡海　ベースとして、一般的に日本は社会の流動性が非常に低いということがある。何も研究だけの話ではないので。それは、大学も含めて、国内の体制がグローバルな競争に追いつくような体制になっていないところが非常に大きな問題で、今は少し前進したけれども、そういう意味からすると、まだまだ遅れている部分はあると思うのですね。今回改正しても、不都合な点がいろいろ出てきたら、そこの部分を不断に見直して、もっともっとよくしていく努力は続けていかなければいけないと思います。

あえて一つだけ言わせていただくなら、山中先生が委員長室かどこかで、実は労働契約法で非常に困っていますという話があって、いきなり、実に具体的な話が出てきたなと。今から考えてみると、あそこがこの改正の大きなスタートだったなという気がします。

議長も大変気にされていまして、厚生労働省に対して、議長の鶴の一声というか、あれが非常に後押しになったという感じがします。

司令塔機能の強化

大塚　そうですね。厚生労働省も最初は非常に抵抗感があり、また民主党さんも労働組合とのご関係がある中で、当初、さまざまなご議論があったところですけれども、山中先生も関係議員の説得に当たられまして、最終的には民主党さんも、これは日本のためだということで賛成していただいたという経緯にあります。

今、小坂先生からご指摘もありましたけれども、司令塔機能強化の話も去年の大きな議論の一つでした。

渡海　二つの委員会をつくって、私は司令塔のほうを受け持ちました。司令塔の問題というのはいろいろありますけれども、どのような予算の執行体制をつくるかとか、総合科学技術・イノベーション会議（ＣＳＴＩ）の機能をどういうふうに強化するかとか、提案をさせていただきました。

ただ、一つ実現してないことがありまして、これは党でわれわれがまとめて、今まだ政府内部の意見が固まってない、「サイエンス・アドバイザー」というのを日本も置こうという提案なんです。

何かの判断をするときに、科学技術担当大臣がいるのですから、「ポリシー・フォー・サイエンス」というのですか、科学技術政策はそこでやってもらったらいいのだけれども、「サイエンス・フォー・ポリシー」という考え方、何かがあったときに、総合的な視点から総理にいろいろアドバイスできる、そういう人材をぜひ置くべきだとかなり強く提言もし、総合科学技術・イノベーション会議でも長期検討事項ということで生き残ってはいるのですが。何かあるときに、総理がすべて仕切れるわけではないし、本当に全体を見渡して的確に判断できるのかということです。総合科

渡海紀三朗氏

学技術・イノベーション会議だけではなく、たとえば、健康・医療戦略推進本部、総合海洋政策本部、ＩＴ戦略本部とか、全体をまとめて官房で一応束ねていることになっているのですが、それらを全部取りまとめて判断するということができているという感じがしないので、少し残念な部分です。

一方、たとえば戦略的に予算を使うためにＦＩＲＳＴというプロジェクトをやりました。その後継として同じようなやり方で、今度、ＩｍＰＡＣＴというのを始めたわけですけれども、それからＳＩＰという、各省から予算を取り上げて采配するみたいなことも今スタートさせていますが、残念ながらサイエンス・アドバイザーの部分だけは実現はしていないので、本当に日本というのは戦略的に科学技術政策を実行する体制ができているのかなというのは、正直、いまだに疑問を持っているところです。

小坂　権限をどこに集中するかという行政組織論は、日本は苦手ですね。

大塚　今、政府与党では内閣官房の機能の整理というようなこともやっていますけれども、逆に強化・集中しなければいけない分野の一つであることは間違いないと思います。

塩谷　それは今、行革の面でもメスが入れられるという話が出ていますが、安倍政権の下でどこまでできるかというのは、安倍政権でつくった本部が結構あるものですから、そこをどうするかという議論がちょっと停滞している状況がありますけれども、司令塔機能として総合科学技術・イノベーション会議がこれからどう機能するかというのは、日本の将来に向かってとても重要なことです。先ほど司令塔、アドバイザーの話がありましたけれども、たとえばアメリカのホルドレン補佐官は、頻繁に大統領と会っていますが、そうしたことが必要だと思います。いろいろな会議があって、そこへ出てどうのこうのというのは、総理としてはたくさんありますから、常に会って、科学技術の大事なところをきちっと伝えるような役割というのは必要だということを強く感じています。内閣全体の司令塔機能とそういった人材をしっかり設置するということが、今後の日本の科学技術を正しく進めていくために必要だと思いますので、ここら辺は、渡海先生にまとめていただいた課題をしっかり進めていきたいとわれわれは考えております。

総合科学技術・イノベーション会議の中でも、今後の課題として、第五期の科学技術基本計画の中にも押し込んでいく必要があると思います。五期になると再来年からですから、本当は来年やりたいのですが、そういう位置付けで将来課題として取り組んでいきたいと思います。

大塚　それから、今、渡海先生からご指摘がありましたImPACTは、FIRSTの後継プログラムということでスタートしたわけですが、今回の研究開発力強化法の成果が具体化したものの一つだと思います。

これは、これまで日本で弱かった、インクリメンタル（漸進的《ぜんしん》）ではない、極めてディスラプティブ（破壊的）なイノベーションを促進していこうという趣旨で、短期の経済合理性から離れて、国家・国民の安全などに、経済的・定量的判断基準では測りにくいけれども、社会的価値が高い分野について、ハイリスク研究にも思い切って予算を付けて、そしてプログラム・マネージャーに大きな権限を付与して進めていく。こういうプログラムです。第一期のプログラム・マネージャーが確定し、これから試行錯誤で運用・改善を図っていくわけですが、これまでの日本にはなかった取り組みということで、聞くところによると、ワシントンでも「日本が一年でここまでできるとは思わなかった」と話題になったということです。

小坂　確かに、ImPACTが実現したのは、これまでのプログラムの成果もあったのですけれども、今回の議論の中で、DARPAなどを参考にしながらハイリスク研究をどのようにして進めていったらいいんだ、日本でできるのか、といったようなことを議論しながら、一方では、日本では仮にいいものがあってもそこに光が当たらない、目利きがいないからだめなのではないか、目利き人材が必要ではないかと。また、サイエンス・アドバイザーのような人がいて、数多くある研究の中から、これを伸ばしていこうとか、そういう軽重を付けたり、ブースターを付けて、そこを伸ばしていくというような考え方は今まで日本にはなかなか育たなかったけれども、今回の議論では、それがどうしても必要だということになりました。そこで、まずモデルプロジェクトみたいな形をいくつかピックアップしようというところから、ＩｍＰＡＣＴに予算を付けて、そしてハイリスク研究に光を当てていこうではないかと。そのためにはプログラム・マネージャーというものが必要だ。そのプログラム・マネージャーは、広く民間から選んでいこうということで、今回のＩｍＰＡＣＴが出てきた。司令塔機能の問題だとか研究開発力強化だとか、そういったものがテーマになっていなければ、あそこまで短期にこの問題はクローズアップされてこなかった気がします。

日本の研究開発投資の姿勢

大塚　ＩｍＰＡＣＴでこれから実際にどういう成果が出るかは、非常に楽しみなところですが、実際にいろいろな数字を見てみますと、日本の場合、研究開発投資で民間に多くを依存しているという側面があり、それゆえ、基礎よりも応用分野に配分されている研究開発費が多い。逆に言うと、基礎が弱くなっているという傾向があります。

それから、研究開発投資に対する成果・付加価値が今一つ高くない。それは企業が計算のできるインクリメンタルなものに多く投資をしていることなども一因となっているのでしょうか。大きな、インパクトのあるイノベーションがなかなか出てきていないというのは数字からも読み取れると思います。この辺の日本の研究開発投資の姿勢について、山中先生は何かご意見ございますか。

山中　これも日米の比較になって恐縮ですけれども、アメリカも基礎研究は大学や公的機関が担い、その成果でさまざまな画期的な、新しい医学であるとか新しい実用技術が生まれてきました。iPS細胞のときもそうだったのですが、まだネズミのiPS細胞しかできていない段階で、すでにアメリカのベンチャーキャピタル（VC）が僕の所にやってきて、何十億という投資をしたいと話があり、驚きました。その段階で、アメリカの非常に有名なベンチャーキャピタルが、日本の一研究者に直接アプローチしてくるというのは夢にも思っていなかったからです。彼らにはそういう目利きができる集団がいくつもあって、そのとき実際につくられた企業が、この間アメリカのメガファーマに買い取られ、何十倍という利益を生み出したわけです。日本も実は大学でシード研究といいますか、ポテンシャルのある研究はたくさん出ていると思うのですね。でも、そこからなかなか花開けないというギャップをすごく感じています。

今回、阪大と京大に新しいファンドを国から支援していただいて、大学がベンチャーキャピタル的な機能を果たすというのが始まったわけですが、非常に大きな期待をしております。

大塚　今回の議論の中でも、目利き人材の育成というのは重要な論点の一つであったと思います。それから、研究開発型ベンチャーの強化というのも議論の柱の一つでした。

ベンチャーも、わが国においては研究開発型のベンチャーがまだまだ弱い。また大学発ベンチャーが一時期ブームになった後、一段落して、最近では少なくなっており、シーズから実用までの間をつなぐ橋が弱いままです。

渡海　まださささやかだけれども、科学技術振興機構（JST）がベンチャーの立ち上げのときに出資ができるように法律改正したんです。それを今回、研究開発力強化法ではないですが、科学技術振興機構法でさらに改正しました。

大塚　研究開発力強化法を根拠法として、科学技術振興機構法なども併せて改正いたしましたが、これによって今回、ＪＳＴや産総研（産業技術総合研究所）などの法人は特許を多数持っておりますし、特にＪＳＴは大学の特許も取りまとめて持っていますから、これらを現物出資することなどによって、大学発ベンチャーなどを効果的に支援できるようにしていこうという施策を一つ盛り込みました。ＪＳＴについては、自前のお金も多少持っていましたので、それも投資できるようにいたしました。

小坂　出資業務を追加しようとして希望する研究開発法人にアンケートを取りました。三〇いくつ取って、実際に絞り込んで一〇、その中から二つか三つという話になって、われわれとしては三つお願いしようと。

渡海　ＪＳＴと産総研とＮＥＤＯ（新エネルギー・産業技術総合開発機構）。

大塚　本当は農水省の農研機構（農業・食品産業技術総合研究機構）なども含めたいと言っていたのですが、最後に査定当局の理解を得られず、枠組みに入れなかったのですけれども、こういう取り組みが狙いとしているところは、結局、大学等の研究成果をどうやって実用に結びつけていくかという研究開発型ベンチャーであり、あるいは国がリスクは高くても成功した際には大きな果実の見込まれる分野に、いかにして研究開発投資を振り向けていくか、こういう方策の一環ですよね。

渡海　ＤＡＲＰＡのメンバーが日本に来たときに懇談したのですね。そのときに、アメリカはプロジェクト・マネージャーの育成のためにどういう教育というか、特別なことをやっているのかと聞いたら、そんなの何もやってない。特にそのための教育のシステムなんかないと。要するに、出てくるものだというような話をしていた。

大塚　この辺り、どうなんでしょうね。ハイリスクな研究プロジェクトを取りまとめて応用に持っていくというようなプログラム・マネージャーの資質、特質というか…。

山中　プログラム・マネージャーであったり、ベンチャーキャピタリストというか、アメリカで思うのは、もともとＭＤ、ＰｈＤを持った研究者で、それなりに成功した人が、日本だったらそのまま教授の道を目指すところですが、ビジネススクールに入り直してＭＢＡを取ったり、メガファーマで研究開発もやったり。そういうマルチ人間がいっぱいいいて、彼らが目利きをやり、投資先を決め、単にお金を出すだけではなくて口ものすごく出す。先ほどのｉＰＳ細胞関係のアメリカのベンチャーも、ＣＥＯを五年で五人ぐらい変えていましたから、ものすごく厳しい。お金も出すし口も出す。科学もわかるし、経営もわかる。そういうすごい人材がいます。

大塚　そのような複線型の人材というものを育成していかなければいけないし、そういう人材が流動的にさまざまなポストに入れるような雇用環境をつくらなければいけない。

山中　アメリカにシステムがあるというよりは、マインドだと思うのですね。いろいろ違うことに挑戦してマルチ人間になりたいというマインドの人が多いような気がします。日本というのは、一芸に秀でたらその位置でずっとやりたいという人のほうが文化的に多いような印象を持ちます。

塩谷　根本的にそういう労働に対する考え方が違って、日本の場合は先生がおっしゃったように、一つの道でずっと突き進んでいくという人への評価が高く、あっち行ったりこっち行ったりすると、どちらかというと評価が高くない。アメリカは、転職はキャリアを積むということで、その人の評価につながりますけれども、日本の場合はそういうことがなかったので、これからそういうチャンスをできるだけつくるようにしていかなければならない。

たとえばドクターが、本当は企業なんかにどんどん採用されたり就職したりすることがいいのだけれども、お互いに、行きたくないあるいはなかなか雇用しないというのが現実だと思うのですね。そういったところをもっともっとオープンにして、全体の研究開発の場にいろいろな人が入って活躍するようになってくれれば、徐々にそういう感覚が育ってくるのだと思いますけれども、そこら辺をいかに日本の環境を変えるかということは非常に大きなことだと思います。こういった法改正もそうだし、また、最近考えているのは、産学連携というのが、今までもいろいろな形でやってきたけれども、結局はなかなかうまくいってない。これからは、大学と研究室などが結構一体的に行くシステムというのが必要なのかなと個人的には思っています。そこにもちろん企業が入って、アメリカの場合は隣にベンチャーの皆さんがいるような研究室もあります。そういった環境をつくることによって、人的交流も含め、いろいろな場を体験しながら、こうしたほうがいい、ああしたほうがいいということをやっていくと、プログラム・マネージャー（ＰＭ）のような人物がどんどん育っていくのかなという感じがするので、まだまだ日本の人的サーキュレーションというのが足りないというのは明らかだと思います。

小坂　研究者のブレイン・サーキュレーションもさることながら、いま山中先生がおっしゃったように、研究開発に対して非常に知識のある人がビジネスフィールドにおいてもきちんとそのセンスを養って、そして目利き人材としてベンチャーキャピタルのマネジメントをして、この部分に投資をしていこうと決定権を行使していく。日本の投資環境というのは非常に層が薄いんですよ。研究開発投資の大きさと研究成果というのは、ある意味では比例している部分があるので、日本の研究開発投資を増やすには、アメリカのベンチャーキャピタルのような人材を日本でもっと育成しながら、また、そういう投資がしやすい環境をつくってやることがどうしても必要ですね。

人材の流動性向上、目利き人材の育成

大塚　おっしゃるとおりだと思います。日本の場合、ベンチャーキャピタルの現場で、真に研究開発がわかってい

るキャピタリストは数えるほどしかいないと言われています。アメリカのように、研究開発ベンチャーで成功して大きなお金を得た人がエンジェルになる、というキャリアパスが確立していないというのも一つの原因だと思いますけれども、日本では研究一筋に歩んで来た人は研究で一生を終えたいと思っている傾向が見られます。あるいは企業側でも、ポスドクの就職問題にもつながっていると思います。ＰｈＤを持っている人がすぐ現場で戦力になるとなかなか思ってもらえていないというようなところもあると思いますけれども、ＣｉＲＡで実際にいろいろご経験されている中で、どういうところに改革の手を入れていけば、人材の流動性向上、目利き人材の育成といったことができるようになると思われますか。

山中　そういうキャリアパスがあるという成功例を見せていくことが非常に大切だと思います。うちの研究所だけでも学生とかポスドクがたくさんいるのですが、では、みんなが研究者として成功していくかというと、いろいろな能力がありますから、彼は教授が向いてそうだ、でも彼はこのまま研究をやるよりも、ビジネスなり、同じ研究に携わるけれどもプログラム・マネージャーとかベンチャーキャピタリストとか、そちらを目指したほうがいい、と思うような人材がいるのですが、彼らのマインドセットがそう向かないのですね。「君は研究者として向いてない」と僕たちが言ったら、もう何かペケを付けられたような気分になる。

それがアメリカは全然違いますから、いろいろなキャリアパスがいっぱいあって、喜々としてそこから選んでいくというか、成功例もいっぱいあるわけですね。だから、成功例を示す人材がまず出てくるということ。そのために一つ大事なのは給与体系でありまして、外国に行ってＭＢＡを取る人も実際いるのですが、ただそういう人は日本の大学に帰ってこないのですね。日本の大学に帰ってきたら給料とか本当に安い、年収五〇〇万とかになってしまいますから、それだったら違うところに行こうということで、優秀な人材が大学に戻ってこないという悪循環になっています。

大塚　今、お話のあった給与体系というところが非常に大きな問題でありまして、結局、世界で人材獲得競争をしているにもかかわらず、わが国で、特に国立系の機関であれば、大学であれ研究開発法人であれ、公務員並びの給料というところから大きく離れることがなかなかできない。当然トップクラスの人材を確保できないという問題意識がありました。これは、独法通則法の改正に至る大きな問題意識の一つであったわけですが、こうした問題意識に基づいて関係各方面と激しい議論を闘わせた結果、今通常国会で独法通則法が改正されまして、その中に研究開発法人という新しい類型を盛り込むことができました。

以前にも議論はあったのですけれども、実際これまでは査定当局において研究開発の特性への理解がなかなか進んでいなくて、本当に研究開発の特性を踏まえた経営ができるかというと、そういう形になっていなかった。それを今回は、研究開発法人は他の中期目標管理法人とは異なる、最大七年という期間の目標を設定することを可能とし、そして、そもそも法人の目的を従来のような効率性一辺倒ではなく、研究開発成果の最大化が法人の最大の目的であるということを明確に定め、そして中期目標の評価ということについても、さまざまな仕掛けで、研究開発の特性を生かした目標設定・業績評価ということができるような制度にしたところです。

これまでの一律の効率化という世界から離れ、研究開発の成果を最大化するための制度というものがひとまずできたわけですが、この制度についていかがでしょうか。

小坂憲次氏

小坂　まず、今回の独立行政法人改革の中で、いわゆる独法通則法というのは行革の上では非常に成果がありました。一方、研究開発法人というものの枠からすると、独法通則法の横串を全部刺されてしまうと、調達や研究者の給料などから始まって、あまりに対外的な研究力を阻害するような通則法のルールがあって、それはダメだと。したがって、国立研究開発法人というものをいわゆる独立法人の全体の枠から切り出そうではないかということで、研究開発法人の特性というものに着目して、今の研究開発成果の最大化というところでくくって引っ張り出したわけです。引っ張り出したのだけれども、それだけでは、世界のトップレベルの研究をするというところに対しての特例がまだ数が多過ぎて認められないよと言うから、それでは絞り込んだら認めてくれますかと。財務当局が合意しやすいような数を絞ってやっていこうというので、最終的には特定国立研究開発法人というものを絞り込んでいったという流れがありました。

その中で、最初にお話のあった給与の問題についていえば、米国の人材獲得競争の例がヒアリングの中で出てきました。引き抜こうとしたら、給料の三割増しをしましょう、お子さんの学費もうちの大学に来てくれるなら半額でいいですよ、そしてまた、一人約四〇〇万の学費を免除するだけではなくて、こちらから差し上げましょうとか、いろいろなオファーをする。また、子どもの環境だけではなくて、住環境も特別優遇するようなオファーをするというような形で、強引に引き抜いていけるようなものをやる。教授の給与ベースも、アメリカの場合は九カ月で給与計算をして残りの休みの分は払わない。だから九カ月分の年俸で計算するという方式のようで、ハーバードと東大を比べてみれば倍近く違ってくるような例をわれわれは聞いたわけですけれども、そういう中で太刀打ちするには、日本も、特に限られた分野でいいから、そういった特定条件を提示できるような枠組みをつくろうということから、国立研究開発法人の中でも特定のもの、限られた、世界トップレベルの研究をするところには、それなりの対応ができる枠組みをつくろうではないかという話になって、特定国立研究開発法人が出てきました。この部分は、今回いろいろな障害があってまだ実現してないけれども。

大塚　道半ばですがというところで、今、小坂先生からもご指摘がありましたように、党の中間提言をまとめる過程でも大変議論になったところですが、たとえば年俸を、米国の主要大学と比較をすると、九カ月分の平均の給与がハーバードだと一九・四万ドル、ＭＩＴ一六・七万ドル、ＵＣバークレー一四・九万ドルに対して、東大が八・八百万円です。

渡海　東大がそうだと、京大も同じぐらい…。

山中　もう少し安いと思います。

大塚　それからおそらく、これは研究開発法人でも同じことだと思いますけれども、ある分野でトップレベルの研究者をどうしてもこの分野で獲得したいと思っても、競争力のある条件が出せずに取り負けているという話をよく聞くのですが、山中先生、現場の実感としていかがでしょうか。

山中　アメリカのデータは平均値です。日本も平均値ですけれども、標準偏差は日本では非常に小さくて、どれだけ活躍していても全然論文出していなくても給料に大した差はないのですが、アメリカはハーバードの看板教授であれば桁違いに高額の給料をもらっています。

大塚　それだけではなくて、いろいろな研究環境を、たとえば研究棟のワンフロア全部その人のために提供しますよ、とか。

山中　そこはシビアで、すごく活躍するとどんどん広くなるし、活躍しなくなったらどんどん縮んでいきますから。既得権というのはアメリカにはないですね、研究者においても。

渡海　ハーバードはプライベート・スクールですね。日本の場合だって、私学はしようと思えばできないことはないね、極端に言えば。

山中　アメリカではカリフォルニア大学とか州立大学でもやっています。

また、若手の研究者も優秀な伸び盛りをどう雇い入れるかというのは非常に熾烈《しれつ》な競争で、給料だけではなくてスタート・パッケージと言って、最初にどれだけ支援するかと。これぐらいのラボの面積で、しかも最初立ち上げが必要だから一億円出しますとか、単なる給料だけではなくて、どれだけ最初にパッケージをもらえるかということもある。人気のある人は数多くのオファーがあって、人気のない人は全然ないですけれども。

大塚　たぶん山中先生も多方面からオファーのあるうちのお一人だろうと思いますけれども。

山中　最初はありましたね。いまは全部断ってオファーはなくなりましたけれども。

大塚　これは彼我の差という意味で、確かに山中先生のように、日本を愛するが故に、条件面では不利であっても日本で研究することをチョイスされる方もあるわけですが、そういう個々人の厚意に依存せずに、日本の大学であり研究開発法人が本当にトップクラスの人材を必要に応じて競争力ある条件をオファーし獲得することができるようになるためには、今後どのような改革をしていけばいいでしょう。

山中　これまでは、東大の教授、京大の教授になれるのだったら少々のことは我慢してでもなる、それくらい名誉だという考えもあったと思うのですが、もはやそういったブランド力だけでは、特にこれからの若い人は、魅力として感じないのではないか。

大塚　世界の大学ランキングでも、東大、京大ですらも本当の上位グループとは言えない状況です。

山中　やはり待遇面であるとか、たとえば研究室の環境一つ取っても、アメリカと日本で全然違うわけです。アメリカでは、どういう研究環境にしたら一番効率が上がるかということを研究している人たちがいます。それに基づいて新しいデザインでどんどんやっていますから、そこにいるだけで何かイノベーションが生まれるような気持ちになってきます。一方、日本では国費での建築になってくると、どうしても制限があって、あまり華美なものにはできないというのもあって、こういった待遇面と環境を変えていかないと、日本の国立大学がどんどん遅れてしまうことを危惧しています。

大塚 確かに成果を見るというときに、日本の場合、一円に対してどれだけ効率的かということだけでずっと見てきたということの結果が今の状況だと思いますけれども、これからはいかに成果を生み出しやすいかという、そのための環境をつくる専門家もいるというお話でしたし、そういったところ、今後どのように取り組んでいくべきでしょうか。

塩谷 どうしても日本の場合は平均的にみんな一緒にというのがずっとあって、それが現状だと思いますけれども、研究に対して、今回の国立研究開発法人を新たに枠組みのあり方を決めたということは、いま言った報酬とかいろいろな物品の調達あるいは待遇、そういった面でどう評価をして、いわゆる判断するかという、そこら辺がこれからの問題で、これが来年四月から施行されるわけで、そのときにどれだけ現実的に、たとえば人材を確保するためにお金が使えるのか、あるいはどういう待遇を用意できるかというのは、しっかりわれわれがこれからフォローしていかないと、結局、決めたはいいが実行できないような状態になってしまいますから。独法通則法の改正で、まずはそこら辺をしっかりわれわれとして準備して、その上で特定の法案を来年しっかり成立させようということだと思うのですね。

ですから、今回の改正で、あるいは独法通則法でこういったお膳立てができましたから、これをいかに実行するかの中身をぜひこれからわれわれでやっていかないと、「絵に描いた餅」になりますから。

大塚　与党でも運用状況をしっかりとフォローし、狙ったとおりの成果が出ているかを見ていかなければいけない、こういうお話ですね。

渡海　小坂先生に整理していただいたように、もともと独法というのは、いわゆる国でやっているとどうしても効率が落ちるものを、エージェンシーという制度を取ることによって、ある意味でのたがをはめながら、しかし中ではできるだけ自由にやりなさい、効率的にやりなさいというのを目的にしているから、これは研究開発法人にはなじまない。だから、成果の最大化を目的にする法人というものを新たに切り出したというのが、今回の独法の改正の一つの大きな目的です。しかし、それはあくまで独法という枠の中でやっていたわけですね。独法の中にジャンルをつくったわけです。

しかし、これからやろうとしている特定国立研究開発法人は、はみ出したものをつくろうとしている。要するに二階部分はできました。しかも結構立派な二階ができたんですね。要するに、三階をつくりたくない行革本部が、できるだけ二階で済ませてくれみたいな話なんです。要は、研究開発法人というのは特別扱いするから、もう特定なんてことを言わないでください、独法通則のほうに入ってくださいということだったのだけれども、結果的には、われわれは頑張って三階を継ぎ足したわけです。

ですから、従来に比べると、今回の通則法の改正だけでもそこそこ自由にはなっているのだけれども、まだまだ足りない。小坂先生もさっきから指摘されているように、世界水準で競争しようというにはあまりにもまだまだ制限が多過ぎる。だから、年俸一億円だって構わないではないか。調達も細かいことをごちゃごちゃ言っている普通の独法も直すのだけれども、力のあるところについては、もっともっと自由にやれるようにしようというので、スタートは当面二つぐらいかなといって、理研と産総研が挙がっていたわけです。

研究不正問題と研究支援体制

大塚　残った問題として、今回、独法通則法の枠から大きく一歩を踏み出して「特定国立研究開発法人」という画期的な制度をつくることになったことが非常に大きな成果だったと思うのですが、理研のＳＴＡＰ細胞をめぐる問題で法案提出が遅れている、今現在はそういう状況になっています。

最後に二つ議論したいのですが、まず特定国立研究開発法人制度、これは必ず実現しなければいけないと自民党の調査会では認識をしておりますが、この中でどういうことを実現していくか、あるいは実現までどのようにフォローしていくか。たとえば、理研、産総研以外にもいくつかの法人を特定法人の対象にするべきだという議論もあったのですが、関係当局とのいろいろな議論の中で、まずは理研と産総研の二法人を対象として制度をスタートしようということになりました。それを今後どうしていくかという問題が一つ。

大塚拓氏

次に、実は自民党の提言をまとめていく中で、研究不正問題であったり、研究倫理の問題についても取り組まなくていいのだろうか、近年、散発的にそういう事例が出てきているということもあり、そういう問題意識も議論されたのですが、この法の中では、これは研究開発力を強化する法であるので、そこに特化をした形で進めていこうと。別途、この法改正が終わった後、議論をしましょうという整理になった経緯があります。

そうしたところ、その議論を待たずに、非常に問題となる事例が出てきてしまいました。内閣府の行っている世論調査で、科学者や技術者の話は信頼できると思うかどうかというアンケートを行っているのですが、これはＳＴＡＰ細胞の件が出てくる前ですけれども、東日本大震災の前と後で行ったところ、震災後下がっている。もともと非常に高いのです。「どちらかというと信頼できる」という所まで含めて考えると、八割の方々が科学者は信頼できると思っていたのが、震災後、低下して六割台になったということがあったのです。原子力災害の関係があるのだと思いますが、今回のＳＴＡＰ問題の結果、また揺らぎが起きる可能性もある。こうした状況をどのように改善していくか、この二点を最後の残された時間で少し議論をしてみたいと思います。

山中　私たちも、研究不正について研究所としても非常に大きな問題として取り組んでいます。

実は、この取り組みの中で、かなりの部分、研究不正は防止できます。研究不正というといろいろなタイプがございますが、最近よく問題になっているような図の誤りとかに関しては、簡単に防止できる。

論文を出すまでは、やはり機密保持というのは非常に大切になってきます。何でもオープンにガラス張りにしたら研究不正は防止できるという議論もあるのですが、しかし、これだけ競争が激しいわけですから、論文として出すまでは、ある程度は隠したいというのも当然の気持ちです。ただ、論文が出た瞬間に、それはオープンな段階ですから、その論文に使われている生データをすべて第三者に、第三者といっても研究所外でなくてもいいのですが、私たちの場合は研究所の中のそういう部署に全部出して、そこがチェックする。それをやるのは、研究者ではなくて、いわゆる研究支援者、リサーチ・アドミニストレーターの仕事の一つとして、そういう人を雇用して、論文が出た段階で全部そこに生データを登録して、その方が、正しい図が使われているかということをチェックする。それで相当の部分の変なことはできなくなりますし、変なことをしなくても、単なるミスで間違っている場合もあるのですが、それもチェックできますから、やはり研究者だけではなくて支援者がいる。支援者であり、ある意味では監視しているわけでもありますが、ほかの人に言われる前に、そこで発見するというような体制が一つのやり方ではないかなと。

塩谷　信頼度という話で、われわれも科学者、技術者に対する信頼というのは非常に高いと思います。それだけに、今回なぜあんな不正があったのかなと非常に疑問に感ずるのですね。一番正確なデータを使って分析をしてその結果を出す科学者ですから、その人たちがなぜあそこまでしてしまったのかなという、大変一般的な疑問があると思うのですね。

今、山中先生がおっしゃったように、チェック体制なり、支援者、周りがしっかりチェックしたり管理するということが大事なので、最終的にはそういう人材もしっかり研究所に配置するということが必要になってくると思います。ですから、今回の理研の問題なども含めて、信頼回復をするために、われわれとしては努力をする必要があると思います。そういう点では山中先生にまたご指導いただいて、理研の発表したアクションプランの実行についてしっかり注視していきたいと思っております。この点はこれからの日本全体の信頼に関わってくることなので、ぜひ取り組んでもらいたいと思います。

大塚　リサーチ・アドミニストレーターのみならず、研究支援体制が整っていないということは数字でも明らかです。日本の場合、研究者一人当たりの研究支援者数は〇・二五人となっており、諸外国に比べると圧倒的に少ないと言える状況です。EUを見れば〇・六人前後、中国を見ると研究者よりも支援者の数のほうが多くなっている。おそらく研究成果の実用化が弱いところや、研究不正が組織内部でしっかりと予防ができないといったところなどは、支援体制といった目に見えにくい部分をあまりにも手薄なまま放置してきたということが大きな原因の一つではないかと思います。間接経費比率も、米国の研究機関と日本を比べると相当大きな開きがあると思います。こうした課題を、特定国立研究開発法人制度の中でいかに解決していくか。しっかりした支援体制を確立し、研究者が本来の目的に特化して成果の最大化を図り、また適切に不正が阻止されるという体制をつくっていくか。そして、その枠組みは同様の課題に直面する大学においても実施していかなければいけないことだと思います。

山中　数だけ見てもだいぶ差があるのですが、研究支援者のプロフェッショナルな意識といいますか、そこもだいぶ違うと思います。アメリカは、研究支援者も自分たちはプロであるということで、研究支援者が研究者を叱責する。僕も白衣を着てないといってよく怒られましたが、日本ではほとんどあり得ない。研究支援者の方は手伝っているだけ、任期も一年単位、非常勤の方がほとんどですよね。ですから、研究者と支援者でずいぶん立場が違う。上下関係のようになってしまっていて、対等ではないのですね。

渡海　リサーチ・アドミニストレーターの資格みたいなものがはっきりしていない。日本はかなりあいまいでしょう。

大塚　自民党の提言でも、リサーチ・アドミニストレーターのキャリアパスを制度としてしっかり確立していく必要があるということを打ち出しているところです。

塩谷　アメリカは、リサーチ・アドミニストレーターの協会があるらしいですね。そういうところに登録したりしていろいろな活動をしているということを聞いています。

渡海　この間も議論になったのですけれども、研究不正というのは組織なのか人なのか、ここのところはどうなんですかね。両方あるのだろうけれども。

山中　両方だと思うのですが、ただ、人間は弱い生き物ですから、そういうことができないような体制にするしかないと思うのですね。どこかに専門機関をつくるとなると大変大げさで、アメリカもつくりましたが、結局あまりうまくいかなかった。研究所単位なりで、論文を出したらすぐ生データを出す。それをしなかったらそれこそおかしいと思われるという、それだけのこと。ただ、出たデータを「はい」と言ってそのままにしてしまったら、何のチェック機関でもなくなりますから、きちっとチェックするという仕事が必要です。では教授がそれをできるかといったら、学生の指導とかで手いっぱいで、図の一個一個のチェックまでは、実際のところできないというのが現状だと思うのですね。その専門の人をちゃんと雇用する。

大塚 プロフェッショナルとしての高い処遇とステータス、権限も必要ですね。

山中 非常に大切な仕事なんだと。一年単位、二年単位で、はい終わりでは、誰もそんな仕事しないですから。それで相当部分は防げるのではないかなと思います。

小坂 研究開発不正の中に、研究者の不正という意味では、倫理の問題だとか体制の整備というのがある。一方で、研究開発法人の不正という部分では、間接経費の割合の低さが会計処理上にもたらすいろいろな問題というのも指摘されている。そういった面では、会計ルールをきちんと順守するという体制の整備、こういったものも必要だと思うのですね。

そういう意味で、今回の研究不正についての議論がいろいろと盛んになったことは、これからの研究開発法人をちゃんとやっていく、またその中で特定法人というものをしっかりとさせていくという意味で、「災い転じて福となす」というか、今回の事例を参考にして、より良いものをしっかりとつくるということで頑張ろうと。

渡海 わが母校で恐縮だけれども、例の問題で、早稲田大学の理工学部の論文の審査体制は一体どうなっているんだと。審査体制がしっかりしていたら通らなかっただろうというのだけれども、一旦出したものは取り消せないという。そんな話が世の中に通るのかと。

大塚 研究不正の問題についても、学位保有者にはそれなりのスキルがあり、倫理観があることを前提に組み立てているところがありますから、その根底が崩れると、どこまで対策を取らなければいけないのかという話にもなってしまうと思います。

学位については何かございますか。

山中　学位の審査は私たちも行っているわけですが、これも基本的にはそこに出ている図は当然正しいという目でしか見ないのですね。そこに何か作為があるということまで見る余裕はなくて、データの科学的な意義はどうだということを判断するので手いっぱいで、そこは、全員でなくランダムでもいいからチェックするような、変なことをしたら見つかるというようなシステムをつくらざるを得ないのではないか。それを教授がやるというのはちょっと違う仕事のような気もします。

大塚　おっしゃるとおりだと思います。とにかく役割分担というか、本当に必要な職というものがなかなか準備できないという、ある意味、わが国の基盤の弱さということが出てきた事例ではないでしょうか。

山中　たとえば、人間はずっと同じ所でぬるま湯に浸かっていると、そういうことをしてしまうというのは事実としてあるわけで、どうやってそれを防ぐかというシステムをつくっていく。たとえば銀行では、同じ支店でずっと働かないようにしていますね。必ず三年ぐらい経つと変わる。それは着服を防ぎ、変な経理があったら次の人がわかるということで、不便と思う人も数多くいると思うのですけれども、行っているわけです。

科学の現場でも、何か変なことをやると必ず明るみになるのだというような、抑制をかけるというシステムづくりは、絶対必要だと感じています。理想論を言うのは非常に簡単なんです。高い倫理観を持って、そんなことはやらないのは当然だというのはそうなんですが、でも、実際いろいろな問題が出てきます。またわざとではないけれども間違っていたということも出てきますから、そういうシステムづくりのためには、支援者の充実というのも大事だと思います。

渡海　この数字はやっぱり非常に問題だと思う。

大塚　そうですね。わが国には後発先進国として、あるいは戦後の焼け野原から一生懸命キャッチアップをしていく過程で、目に見える成果を追求するあまり、取り残されてしまっている部分がまだまだ多くあるのかなという気もいたしました。

塩谷　世界的な競争が激しくなって、特に中国とかそういった新しい国が、科学技術に対して相当なお金も使い人も抱えている。そういう体制を日本でいかにしっかりと構築できるかが新たな挑戦になるのだと思いますので、今このグローバルな時代に、とにかく日本の科学技術の発展を期すために、これからいろいろな整備をして、今回の改正も必ずそれが有効に機能するようにしていかなければならないということで、することはたくさんありますので、ぜひよろしくお願いしたいと思います。

大塚　最後に、皆様からひと言ずつコメントをいただきたいと思います。

小坂　科学技術というのは、日本の場合、安全保障の核になる部分なので、科学というのは、民生にも寄与すると同時に安全保障にも寄与する面は必ずあるわけで、今回のいろいろな議論の中でも、ある大学においては、軍事に将来利用可能なものはそもそも手を出さないような枠を自ら課してやっているようなところもあったわけです。けれども、これからの時代、すべての研究は両方に成果が活用できるわけですから、そういった枠を最初に課すのではなくて、ともかく自分の分野をとことん突き詰めて何か成果を得る、そのために周りも協力をして、その出た成果の中で、まずは民生によりよい成果をもたらすようにし、また軍事転用という懸念に対しては、国としてのルールを定めて、その枠で規制をしていけばいいのですから、研究者に最初からそんな枠を課すようなことなく、もっと自由に研究ができるという環境づくり。
それからやはりお金ですね。投資額と成果というのは比例しますから、そこには潤沢な研究費が流れるような国としての税制および支援体制、民間の力の活用というようなものを、われわれとしては環境整備にこれから努めていかなければ、研究者の皆さんだけに任せておいたのでは、日本の研究力は強くならないだろう。それが、今回研究開発力強化法の改正に携わった者として実感したところですね。

大塚　デュアルユースについては、個別の研究者が進めようとしている研究に、大学側が介入してやめさせるという、逆に学問の自由を阻害しているような事例もあるようです。引き続き問題意識を持って取り組んでいきたいと思います。

渡海　従来問題になっていたさまざまな問題をあぶり出して、一定の成果というよりももう少し上ぐらいかなという感じはしております。自分たちがやったことだからあまり偉そうには言えないけれども、かなり頑張って、取れるものは取った部分もあるし、取れなかった部分もありますが、しかしまだ、グローバルな観点から考えると、国際的な競争社会で勝ち抜けるようにはなっていない部分もあるので、制度上ネックになっているものは不断の見直しをして巻き返していく。それは政治の責任になると思います。

あと一点、私が気になっているのは、最近の予算の考え方で、少なくとも政権を取られるまでは科振費という特殊な部分をわれわれは持っていたわけです。ほかが切られてもこれだけは切らせないといって、必死になって頑張ってきた。たとえ一・一％にしろ伸ばしてきたわけですよ。でも、いつの間にか民主党政権の中で消えて、一旦落ちる所まで落ちて、そこからまた頑張ろうみたいな話になった。しかし、あれが気に入らないんですよ。なぜ元へ戻さないんだと思っているのですけれども、財政再建という途上にもあり、なかなかお金は難しい。増やすのであれば、国民に説明がつくようなお金の使い方をしなければいけない。そこに研究不正の問題というのは大きく絡んでくると思いますから、そういった意味でも、研究者の皆さんにもお互い注意すべきところは注意をしていただいて、自ら律する姿勢も必要だと思いますし、それだけでは確かに先生のおっしゃるとおりなので、制度上担保するというか、構造上担保するという工夫もたぶん要るのだろうなと、そんな印象を持ちました。しかし、かなり危機感を持って臨まないと、このままのトレンドで日本の科学技術政策をやっていたら、おそらくますます競争力は落ちることになると思っていますから、私は政治の世界に身を置いていますけれども、科学技術政策はライフワークだと思っていますから、皆さんと一緒に再度頑張っていきたいと思います。

山中 私たちは、研究をしていて、ある意味自負がございます。日本という、資源も少なく国土も狭く、また世界で群を抜いて高齢化社会になっていく中で、科学技術というものがこの国を支えていく大きな土台の一つであるのは間違いないと思いますから、それを支えて担当しているのだということで誇りを持っております。

しかし、その中で、海外と比べていろいろなシステム上の問題も感じていますので、このような形で政治家の先生方に真剣に取り組んでいただいているというのは本当に心強いですし、これからもぜひ引き続きご支援いただけたらと思っております。

アメリカというのは、科学技術の中でいろいろな面でいい点もあるのですね。何でアメリカがそれをできて日本ができていないかというメカニズムの解明というか、言うは易しだと思うのですが、私たちも、「こうしてください、給料上げてください、任期延ばしてください、支援者増やしてください」と言うのはもちろん簡単なんですが、なぜアメリカはそれができていて日本はできていないかということも原因を突き止めていかないと、なかなかギャップは縮まっていかないのかなという気もしています。

塩谷　今回この研究開発力強化法の改正に当たって、その前に司令塔の議論もし、山中先生にもいろいろご指導いただいて、各国の現状がだんだんわかってきました。その中で、このままでは日本の競争力が低下して、まさに資源のないわが国を経済的にも安全保障的にもさまざまに支えているのが科学技術の発展だったわけですから、これをもっともっとしっかりこれからも発展させていくようにやることがたくさんあるのだなということを改めて感じております。

そういう中で、若い議員の皆さん方も、いわゆる科学技術や研究などの経験をした人がたくさん議員になって、本当に真剣に議論をしていただきましたので、今回この結果が出たのだと思います。したがって、これを現実的に実行できるかどうかといった点と、いま山中先生からお話がありましたように、まだまだメカニズムの解明をしなければならない。まさにそこら辺をしっかり取り組んで、本当に日本の研究者が誠実で勤勉で、この人たちがもっと人類社会に貢献できる研究開発の環境整備をしていく、これが政治の上での大きな役割だなという気がいたします。

今回、本当に多くの皆さん方に関与していただいて、この改正ができたということ、そしてそれをもとにわれわれが実行できるように環境整備をもっともっと整えていかなければならない。

これからも皆さんと協力して、本当の意味で、研究者の皆さん方が研究開発により大きく貢献していただけるように努力していきたいと思います。

大塚　本日は、先生方、お忙しいところ大変ありがとうございました。

座談会②

改正研究開発力強化法の成立とデュアルユース研究開発システム

〈出席者〉

角南　篤　氏（政策研究大学院大学教授）

塩谷　立　氏（衆議院議員）

渡海紀三朗　氏（衆議院議員）

小坂　憲次　氏（参議院議員）

古川　俊治　氏（参議院議員）

大野敬太郎　氏（衆議院議員）

【司会】

大塚　拓　氏（衆議院議員）

写真左より、大野敬太郎、古川俊治、塩谷立、角南篤、渡海紀三朗、小坂憲次、大塚拓の各氏。平成 26 年 10 月３日、東京・自由民主党本部「リバティ」にて。

ＤＡＲＰＡ型の研究開発モデル

大塚　今回は、角南篤・政策研究大学院大学教授をお迎えして、研究開発力強化法の改正案の成立とデュアルユースの研究開発システムというテーマで議論をしていきたいと思っています。

本日は、法成立時点に自民党科学技術・イノベーション戦略調査会長を務めておられました塩谷立・衆議院議員、そして現会長の渡海紀三朗・衆議院議員、それから研究開発力強化小委員長として研究開発力強化法を中心となってまとめられた小坂憲次・参議院議員、調査会事務局長の古川俊治・参議院議員、事務局次長の大野敬太郎・衆議院議員にお集まりいただきました。

昨年、研究開発力強化法の成立に向けて一年間努力をしたわけですが、その中で、日本においてはハイリスク研究、なかんずく市場において投資回収がすぐに見込まれないような分野において、イノベーションを生み出す力が弱いということが大きな問題意識の一つでした。

アメリカには、世界的に有名なＤＡＲＰＡ（国防高等研究計画局）という機関があります。米軍の関連機関で、軍事上のニーズ、安全保障上のニーズという極めて高次元の国家的ニーズに基づきハイリスク研究を推進するという機関です。この機関の研究がきっかけとなって、インターネット、ＧＰＳといった、世の中のあり方を変えるような革新的なイノベーションが生まれてきましたが、日本の場合、戦後、特に軍事アレルギー、安全保障アレルギーということも相まって、防衛関連の研究開発というものが非常に弱いという状況が続いてきました。

実際に防衛研究開発費を見てみると、アメリカはもとより、ヨーロッパの主要先進国と比べて、比率で見ても、実額で見ても極めて劣後した状況にあります。そして韓国に比べても実額ですら非常に劣っています。このような状況の中、わが国のイノベーションというのは、これまで民間企業の努力に多くを依存してきたというのが実情です。

しかしながら、安全保障などの、短期的な経済合理性から離れた分野における高い社会的ニーズを達成するために、国が研究開発へ大きく投資をし、現在の技術ではできないものを実現していく、それによって生み出された新しい技術がスピルオーバーして民間に広がっていく。こういったイノベーションのルートが、長年のデフレから脱却し、新たな成長の道筋を見つけていかなければならない現在の日本にとって、大変重要であると思います。

こうした問題意識を背景に、改正研究開発力強化法の中でも、政府は国および国民の安全に資する研究開発を推進する責務があることを規程する条文を設けました。一部の党派からは反発もあったところですが、しかしながら、本当に必要なことに目を背けたまま日本が生きていけるという時代はもう終わったのではないか、という時代認識もありました。

そして、成立した改正研究開発力強化法をもとに、ＩｍＰＡＣＴという革新的なプログラムが実現されました。これは内閣府所管で五五〇億円、補正予算からつけたものですが、デュアルユース（軍民両用技術あるいは民間・防衛両用の技術のことを指す）も含めて、研究成果の実現の可能性は必ずしも高くはないが、実現した際には大きなイノベーションをもたらすであろう革新的な研究開発に政府として投資をしていこうというプログラムです。

こうした一連の流れを受けて、今回の座談会では、まずは角南教授から、ＤＡＲＰＡ型の研究開発モデルの日本への導入の意義、今後の展望といったことについて、ひと言お話を伺えればと思います。

角南　私が最初にＤＡＲＰＡを論文で取り上げてから、かれこれ二〇年近く経つのですが、そのときは、デュアルユースというよりは、むしろアメリカのイノベーション・システムの強みとなっている一つの特徴として、軍需と民需がうまく補完し合うことにより、ハイリスクで、かつ成功するとそれまでのゲームのルールを変えるような研究開発を支える「デュアルシステム」として描いたものでした。

ご存じのとおり、一九五七年のスプートニク・ショックは、それまで第二次世界大戦前後から、科学技術イノベーションにおいて世界を圧倒的な力でリードしてきたアメリカにとってまさに世界観を変えるほど大きな出来事でした。世界トップクラスの大学をいくつも有し、もっとも効率性の高い大量生産システムも開発したアメリカでしたが、政治経済システムが全く異なるソ連が人類初の人工衛星の打ち上げに成功したことは本格的な脅威の出現を意味し大きなインパクトを与えました。

先日、私どもの大学が主催したシンポジウムでケネディ駐日米国大使にスピーチをしていただきました。そのとき大使が、お父様であるケネディ大統領の言葉を引用され、アメリカは常にハイリスクのことに挑戦する国であることを強調されました。かつてケネディ大統領は、月を目指す理由を、それが最先端の科学技術を用いても最も難しく困難なプロジェクトであるからだと言いました。そうした背景で、ＤＡＲＰＡができたわけですが、スプートニク・ショックのように科学技術において、二度とアメリカは他国に驚かされないという確固とした決意の表れで、今日まで至っているわけです。

角南篤氏

これはアメリカ特有のシステムとも言えますが、よく考えてみますと、ハイリスクな研究は、企業が厳しい競争の中で生き残りをかけているときにはなかなか手が出しにくいものです。かつては、安定的な大企業に限り中央研究所が長期的視野に立った比較的ハイリスクな研究開発を担っていたこともありますが、現在では中央研究所の時代は終焉《しゅうえん》したと言われていて、大学や国の研究機関などにその役割が移っています。一方で、国家としては、多くの失敗を伴うハイリスク研究に税金を投入する意味をなかなか説明しにくいところがあります。つまり、ハイリスク研究は、もちろん成功すればリターンは大きいですが、ほとんどが失敗します。そのような失敗を前提とした研究開発に税金を使うことを国民に理解してもらえる政策として、スプートニク・ショックのような経験を二度としないという安全保障と科学技術政策が交差する所にＤＡＲＰＡが生まれたという面があります。

それで、ＤＡＲＰＡの年間予算は今三〇〇〇億円ぐらいですが、これは米国の防衛部門の研究開発予算の約三割で、アメリカの大手の民間企業が研究開発にかける投資額の三割ぐらいをハイリスク研究にかけるという話を根拠にした数字だと言われています。企業にとってのスプートニク・ショックとは、競争相手がある日突然、これまでのルールを全く変えるような技術をもたらし、業界再編の波に乗り遅れてしまう状況だとも言えます。たとえばＩＢＭやベル研究所のように、経済学者のシュムペーターが組織化した研究開発の重要性を指摘しましたが、まさにＤＡＲＰＡは、中央研究所のシステムと同様に米国政府が一・五兆円ぐらいの国防総省による研究開発費全体の三〇％をプログラム・マネージャーの自由裁量に任せ、まさにゲームチェンジャーを狙うような研究に投資するというシステムです。

安倍首相の掲げるアベノミクスは、わが国が産業競争力で再び世界をリードすることを目指すものですが、国の競争力というのは、かつてイギリス、ドイツ、アメリカ、そして日本と移っていったように、長年にわたって維持することはほとんど不可能です。やがてはどこかの国に追いつかれます。これを別の言い方をすれば、生産性の伸びがリードする国とキャッチアップする国の間で収斂《しゅうれん》するという現象にも例えられます。

一国が高い生産性の伸びでリードするための条件は二つ指摘されています。一つは、新しいノウハウを生み出すということと、もう一つはそれを商品化して誰よりも効率的に大量生産するシステムを同時に持つことです。この条件を満たした国は、産業革命をもたらしたイギリス、それにキャッチアップしたドイツ、そして二〇世紀初頭にフォードを代表するような生産システムを展開したアメリカであったわけです。そして、戦後の日本も、トヨタ・カンバン方式に象徴されるように欧米にキャッチアップすることに成功したわけです。このように数世紀にわたる栄枯盛衰の中において、唯一アメリカが今でも世界から注目されているのは、ハイリスク研究からゲームを変えるような成果を生み出す独自のシステムがあるからだと思います。

私は八〇年代にワシントンに留学していたのですが、そのときアメリカは日本脅威論で持ちきりでした。半導体や第五世代コンピュータなどの最先端技術から自動車産業や工作機械という米国を代表する産業まで日本に追い越され、このままでは米国は衰退してしまうという議論です。

生産システムの場合は、トヨタ・カンバン方式もそうですが、今はグローバル化の影響もあり多くの国で現地生産を進めていることから、日本だけで行われているものではありません。したがって、新しいノウハウを次から次へ生み出すシステムがないと日本の競争力は維持できません。日本脅威論が巷で語られていたころの米国は、レーガン政権の真っただ中で、小さい政府を目指す保守政治を進めていたときでした。経済も市場メカニズムに任せ、政府はなるべく介入しないと言っていたレーガン大統領ですが、ＤＡＲＰＡのように安全保障と科学技術が同時に関係するデュアルユースについては積極的に政府が介入したと言えます。たとえば、日本メーカーに押されていた半導体分野については、当時ミニットマン・ミサイルの中に日本メーカーの半導体が大多数を占めていて、これでは安全保障上課題があるという理屈を立て、米国の半導体産業の再生を目指したセマテックのような共同研究開発事業を政府主導で推進したわけです。その上、こうした革新的な技術を守り開発するためには、企業同士の連携も促すために独禁法の適用も緩和するほど、レーガン政権の取り組みも本格的だったと言えます。

今は当たり前にインターネットとかステルス技術とか言われていますが、そうした技術を生み出したユニークな制度があることはアメリカにとっていかに重要であったでしょうか。また、そうした新たに生まれた技術を産業化につなげるベンチャーやベンチャーキャピタル（ＶＣ）、産学連携メカニズムを持ち合わせたことが、今日のアメリカの特徴あるイノベーション・システムになっています。

今後、先端技術のフロンティアで欧米諸国やアジアの新興国と競わなくてはならないわが国も、デュアルユースというかデュアルシステムを導入するのが重要なのではないかなと思います。とりわけ、日本のイノベーション・システムをこれまでのキャッチアップ型からフロンティア型へ転換しようとするなかで、ハイリスク、ハイインパクト、長期的な研究開発を支える公的なシステムが必要だと考えます。今度創設されたＩｍＰＡＣＴもそうした新たな取り組みの一つです。

ＤＡＲＰＡの運営を支えるのは、プログラムの中で実施するプロジェクトをピアレビューで選考するのではなく、プログラム・マネージャーが独自の判断でプロジェクトを選考していることです。このようなやり方は、まだ日本ではなじみがないので、今後は試行錯誤しながら、プログラム・マネージャーを育てていく必要があります。

アメリカのやり方が必ずしも日本にそのまま通用するとは思いませんが、重要なのは、日本の中でも、政府と民間とがうまく連携しデュアルなシステムの中でハイリスク、ハイインパクト、そしてゲームチェンジャーと言われているような研究成果を生み出すシステムをいかにしてつくるか、これがまさにわが国の研究開発力強化にもっとも欠かせないことではないでしょうか。

大塚　まさに市場に任せていては生み出されないようなイノベーションを生み出すシステムということで、科学技術政策の視点から見れば、安全保障は一つの切り口だと捉えることができると思います。市場に任せず政府が介入することが正当化されるのは、経済外部性が存在している場合です。安全保障上のニーズを満たすための研究開発は、まさに外部経済、すなわち企業会計上の利益では計れない価値が存在し、それをドライビング・フォースに新しい研究開発を推進していくという、政府が取り組むべき典型的なケースです。

このシステムを日本でも導入していくべきだということでＩｍＰＡＣＴの設立ということになったわけですが、アメリカのＤＡＲＰＡと異なる点があるとすれば、ＤＡＲＰＡがトップダウン型でテーマを決める仕組みであるとすれば、ＩｍＰＡＣＴはボトムアップで案件を公募するということになっています。

大野　先ほどアメリカがなぜ成長するのかという話に触れられましたが、私も、まさにそこはすごく共感をしているところです。たとえば社会保障給付をしなければいけないという問題がある一方で、成長のための投資をしなければいけない。山の奥でおばあちゃんがすごく困っているときに、ネクタイ締めた研究員が社会保障を削って私に予算頂戴と言ったら、なかなか世の中通じない。でも、もっと長い目で見たら、このおばあちゃんが将来にわたってずっと社会保障をちゃんと受け続けるためには、成長のための予算こっちも絶対必要なんだよ、ということの危機感をいかに共有できるかというところに尽きるのだと思っています。

先ほど大塚先生がいみじくも安全保障というのは一つの切り口だとおっしゃいましたが、ここもどうやって危機感を共有できるのかという問題だと思います。たとえば今は人口減少問題は国民の間で危機感が共有されている。だから、その分野の先行投資に大きな反論は出ない。本来、安全保障という問題も人口減少と同じように、危機の問題と同時に科学技術の発展に大きく寄与する問題だと思うのです。

今、大塚先生がご指摘になった、トップダウン、ボトムアップですが、私はボトムアップではたぶんハイリスク研究というのは難しいと思います。これは私の初当選以来の主張のコア中のコアの部分で、たとえばＩｍＰＡＣＴで言えば、プログラム・マネージャー（ＰＭ）の皆さんが自分の目で勝手におもしろいねと言って判断をしてやっていかないと、絶対に丸まったものしか出てこないような気がします。だから、そこは今からの大きな検討事項の一つというか、変えていかなければいけない分野だと思っています。

大塚　どういったプログラムを採択するかというときに、今回は公募型というシステムになったわけですが、実際運用していく中でＰＭにどれだけ権限を渡し切れるかということは、おそらく今後にもつながっていく大きな課題であると思います。

塩谷　今回の研究開発力強化法の改正は、先ほど来、大塚先生からもお話があったように、今こそ法改正して、日本あるいは世界に貢献する科学技術ということで、これについては日本の状態が大変厳しい状態になったという一方の側面があって、われわれとしては危機感を持ってこれに取り組んできたわけです。

そういう中で、今、角南先生からお話しいただいたアメリカの強み、これをしっかり学んでいかなければならぬということは前々からいろいろな議論があったのですが、具体的にはなかなか進まなかったのが現実です。平成二〇年に小坂先生が最初に強化法をやって、その後すぐにまた見直しということがあったのですが、なかなかそれに手がつけられなかったということで、われわれ、政権奪還してからは、確実にこれを進めようということで今回の改正になったわけです。

塩谷立氏

特にデュアルユースというか、本来、科学技術の面では防衛とか安全保障とかいう垣根なくいろいろな研究が行われていいわけですが、日本の場合はどうしてもそこら辺が制限されている。今回たまたまＤＡＲＰＡのプログラムで東大の対応が問題になりました。ああいうことがいまだに行われていると、われわれとしても知ったわけで、そういう点においては、今後世界で何が起こるかわからない。そういったものに対しては、宇宙も含めて、安全保障やハイリスクのことをどんどん研究していかないと全く科学技術の進歩にならないという危機感があるわけです。今回初めてこのような形でデュアルユースのプログラム、ＩｍＰＡＣＴという形でなったということは、非常に大きな一つの進歩。

ＤＡＲＰＡと比べて、いわゆるボトムアップでいいのかということもありますが、これからいろいろな挑戦をして、日本のあり方を考えていく必要がある。たとえば、ＰＭの存在というのも非常に重要だが、人材も育成していかないとならない。そうしたさまざまな方向性をしっかりと明確に位置づけたということは、私は非常に大きな一歩だと思います。これからまずはＩｍＰＡＣＴの成果を見つつ、今後どうやっていったらいいのかを、われわれとしても政治の上で対応していくことが必要だと思います。

デュアルユースの問題点

大塚　安全保障という分野においては、国民の生命を守るという高次の目的を達成するために、技術的にも極限状態でのニーズに対応していかなければいけない。一方、極限状態を追求していくことによって、市場経済においてはソロバン勘定が合わないので、なかなか達成できないような高い次元のイノベーションを達成することができる、こういうお話だろうと思います。

渡海先生、デュアルユースについてはかねてよりお考えがあるかと思いますが、いかがでしょうか。

渡海　私は、皆さんの言っていることを否定するわけではないんだけれども、デュアルユースというのは結果であって目的ではない。それが、議論を聞いていると目的化しているように聞こえるところに気をつけなければいけない部分があって、アメリカと日本の一番大きな違いは、アメリカでは安全保障というものを全面的に表に出して、その強化を追求していて、たとえば採算性を無視して、軍事技術というと、たとえば航空機だと騒音の問題とかありますね。そういうものを全く無視して効率だけを追求していく、性能のいいものだけを追求していく防衛研究という種類のものは、わが国には簡単には存在しないわけで、これは集団的自衛権の話と非常に似ているのですけれども、そういう背景の中で、アメリカの成功モデルを考えたら、わが国にどういうことができるのかを議論してやってきた一つの結論が、ハイリスク、ハイインパクトなものを国家主導でつくり上げていくことだと思うのです。それを今回の法律の中に入れ込んだことは非常に大きな意味がある。あとは、頑張って予算をどれだけ確保していくかことだと思います。

渡海紀三朗氏

結論からすると、われわれ、角南先生にお世話いただいてDARPAと懇談会もしましたけれども、DARPA側も、アメリカでもDARPAは特殊だと言っていました。こういうところはないと。要は、PMがとにかくプロジェクトを持ち込む。国家がある種の目標を定めて、それに対して、トップダウンなのかボトムアップなのかは正直そこでなかなか切り分けられないところがある。持ち込むという意味ではボトムアップなんですね。だけれども、目標はこれだよというのは、今回のImPACTでも、総合科学技術・イノベーション会議が一応はテーマを出して、そしてPMが持ち込んだ形になっている。だから、プロジェクトをつくり上げていく上でのシステムという意味ではDAR

ＰＡを非常に参考にしながら、今回こういうものをつくり上げた。これはＦＩＲＳＴとは違うわけです。あのときは要するに人間に着目したんです。

でも、今回はプロジェクトに着目をする、いわゆるＰＭの能力に着目する。人間に着目するとしても、今回は、それまでの実績というより持ち込んだプロジェクトに着目するというＤＡＲＰＡ型というか、それでしかもハイリスク、ハイインパクトなものを選んだというところに非常に意味があります。それを研究開発力強化法の改正の中できちんと位置付けたという意味が、この法案の改正では非常に大きくあったのではないか。去年一年間ずいぶん議論したわけですから。だから、その成果は出つつある。これはちゃんと見守っていかなければいけないなと、私はそんなふうに見ています。

大塚　今お話しになったＤＡＲＰＡ関係者との懇談会の中でも、先方から、「日本がここまで革新的な仕組みを一年でつくり上げるとは思わなかった。正直言ってびっくりした。ワシントンでもそういう評判になっているんだ」という話を聞いて、「ああ、やってよかったな」と思いました。

一方で、今、渡海先生からご指摘をいただきましたように、デュアルユースというのは結果論であって、目的は国および国民の安全を守るための技術開発、それが結果論として民間転用をされていって、経済成長につながっていくということなのですけれども、なかなかこれが、日本の戦後のこれまでの議論の経過もあり、今回のＩｍＰＡＣＴにおいても、ストレートに安全保障を目指すということで打ち出しているわけではない募集の形態になっているわけです。ＩｍＰＡＣＴの文脈で言えば、結果的に安全保障にも資することを否定しないといったような表現だろうと思いますけれども、この部分については課題として残っています。

ちなみに、国および国民の安全に資する技術ということなので、必ずしも安全保障だけでなく、防災などの市場経済のみによっては達成されない公共上の使命を達成するための技術開発、研究開発全般を指しているのがこの条文です。その中で最も典型的であり、最もボリュームの大きいものが安全保障だろうということで、議論すると安全保障のことが中心的に出てくるわけですが、目的はあくまでも国および国民の安全に資する技術、ということです。

角南先生の話に戻ると、ゲームチェンジャーとなるような仕組みをつくりたいということであったわけです。確かにゲームチェンジャーとなる技術を生み出す仕組みそのものを持っておかないと、民間の力によってのみではゲームチェンジがなかなか達成されないこともある。先ほど、フォードシステムのお話がありましたが、フォードが自分で自分のシステムをトヨタシステムに改革をしていくことはできなかったわけです。なぜなら、それはフォードにとっては自己否定につながる側面もある。したがって、リープフロッグ（カエル跳び）と言われますが、現在市場を席巻している技術を超える、ゲームをチェンジする技術は、その技術を持ってない人から出てくる。ほかの国、ほかの社会、そういったところから出てくる、それが技術革新となっていく。これを社会システムの中で内なるイノベーションとして生み出していくようなシステムを持っていくということが持続的成長のためには必要ですが、そのためにもＩｍＰＡＣＴのような仕組みが必要だと思うわけです。

小坂　渡海先生も指摘されましたが、日本がＤＡＲＰＡモデルを導入するといっても、デュアルユースの非常に革新的な研究に予算を集中投下するのだというような考え方でＤＡＲＰＡモデルを考えると、間違ってしまうのではないか。お話が出たように、デュアルユースというのは、最初からデュアルユースを目的としたものではなく、アメリカの場合、ＤＡＲＰＡモデルというのは、軍事予算も一緒に使えて、そして先端的な研究を飛躍的に推進することができるという形で、その部分にスポットライトが当たったということがあると思う。

小坂憲次氏

日本は安全保障を目的とした技術開発が非常にやりにくい国であるわけですが、実際には、アメリカは日本で開発された技術を軍事に使っているわけです。日本では全く非軍事の研究として進めたものが、いつの間にかアメリカの最先端の武器に、あるいはミサイルなどに転用されている。

そこからもわかるように、本来日本がやってきたことは、その部分では間違いではなかった。ただ、そこの部分に集中的な予算投下あるいは集中的な研究開発力の投下がなされてなかったから、DARPA型の結果を生んでいなかったのかもしれない。そこを見直して、ImPACTのようなことをやれば、非常に革新的で、そして世界で今考えられているレベルを飛び越した次世代のテクノロジーをいち早く手にすることができるかもしれない。今回は、そういうことができやすい環境があったので、予算的にも集中しましょうというコンセンサスができた。外国や日本のあらゆる現在の研究成果を見渡す中で、この分野にスポットライトを当てて、こういう研究に予算を重点投下して、こういう研究とあわせて推進することによって目的達成が容易になるであろうという目利きができる人をPMとして選んで、そこに予算を集中することができれば、まさにDARPAモデルと同じような結果を生むことがImPACTでできるというふうに思います。ゲームチェンジャーという話がありましたけれども、ゲームチェンジャーになる人は、あらゆるシステムを常時見ながら、「ああ、これではない、飛躍的な方式が何かあるはずだな、システムがあるはずだな」と、どこかからヒントを持ってきて、そこにマネジメントの力を生かして誘導していくことができる。そういうことができる人を育成していくことができれば、まさに日本もゲームチェンジャーとしての分野を伸ばしていくことができるだろう。やはり一つは人材だと思うんですね。

今回の研究開発力強化法の中で最初に考えたことは、今までは組織的な効率性ばかりを追求して、独立行政法人をつくり、通則法というもので効率よくその独立行政法人が稼働するように考えたはずなんだけれども、実際に研究開発という分野では、必ずしもそういった効率性は逆に突出することをよしとしない面があって、研究開発力を阻害する面が出るということで、それとは別枠のシステムをつくろうとして研究開発力の強化のための特別法人というものを考えました。調達から人材の確保から、いわゆる行政組織の中における効率性を排して、効率性ではない別の指標をもってそれを推進しようとして、この法律をつくったことがわれわれの一つの目的だったわけです。その過程においていろいろな研究をしながら、DARPAモデルがそういう意味では非常に優れているのではないだろうかということで、われわれもDARPAモデルに着目をしたところがあるわけです。今回は一つのパターンをつくっただけですから、引き続きそのパターンを運用しながら、PMの人材育成をさらに進めていく中で、さらなる飛躍を目指すというのがわれわれの目標ではないでしょうか。

渡海　一点だけ加えたいのだけれども、ハイリスク、ハイインパクトというのはキーワードだと思う。それを法律の中に位置付けて、要はやりやすくしたというのが今回の強化法である。

それから、先ほど大野さんが言ったことに通じますが、要はハイリスク、ハイインパクトなものを国家としてやり切るために、国民にどういうふうに説明していくか。アメリカは、要は軍事的な危機感というものを使ったわけですね。だから税金が使えた。日本の場合は、税金をリスクのあるものに使うことは非常に難しいので、そこをどうやるかはこれからの課題でしょうね。今回の予算額を見ても非常に小さいのだから。

大塚　アメリカはDARPAで年間三〇〇〇億円ぐらいの予算をつけているわけですが、今回日本の場合は、補正ですから、ワンショットで五五〇億円ということで、これをいかに経常的なシステムにしていくかということは、まさにどのように国民にこれを説明していくかということと表裏一体という側面があると思います。

それから、小坂先生のご指摘のように、とかく行政というものはなかなかリスクを取らないものですので、行政の壁というものをいかに打ち破って、ハイリスク、ハイインパクトの研究に継続的に資金を投じていくか。そのための仕組みづくりが、一つには研究開発法人制度の創設であり、またＩｍＰＡＣＴであると思います。

それから人材という話もありました。ＰＭのような人材はこれまで日本では存在をしていなかった。いろいろなリソースを糾合してイノベーションにつなげていく、成果につなげていくという人材、これを日本でも計画的に育成をしていかなければいけない。育成していくためには、ＩｍＰＡＣＴのようなプログラムに継続的に予算をつけていくことが大変重要だと思います。

古川　先ほどから皆さんのご議論にありますように、私もハイインパクトでハイリスクなものを達成するということが主題にあると思います。アメリカではそれが安全保障ということについて説明がついたのですが、一方、日本では、戦後の体制を考えれば、そういった議論はまた違った側面がある。この点は日米共通ではない。外部経済へ対応するために税金を使っていくということの説明は、おそらく、今の日本で言えば災害対策のほうが大きいのではないか、たとえば地震予知とか、そういう説明をするほうがよいのではないかと思います。

古川俊治氏

ただ、高い目標で、かつハイインパクトでハイリスクなものというのは、今の科学技術から言うと、ある程度想定がつくのではないでしょうか。たとえば、ゲノム研究で言えば、全ゲノム解析を全国民でやって、それがどういった病気、もっと言えばどのような個性につながっているのか、そういう研究でも、コホートをやれば可能なわけです。そういうふうに、ある程度モデルは組めてしまう。これは基盤的な技術になっていきます。同様のことは、脳の伝達、脳の細かい分野のモデルの構築、これは、認知症の研究ですとか、さらには脳梗塞や麻痺とかいった老齢化すると起こる問題に関して言えると思います。

それからもう一つ、私が思っているのはセンサーです。人間生活のすべてをモニタリングできるセンサーを開発すれば、人間の生活環境を相当変えることができ、より進化した新たな生活のモデルというのができるので、必ずゲームチェンジを起こしてくれると思います。ナノテクノロジーもそうです。あとは新しい半導体の素材の技術なども、本来国がもっと絞り込んでいけばよかったのではないか。これこれのテーマで集中投資すると。今回の総合科学技術・イノベーション会議（ＣＳＴＩ）のテーマはもっと漠然としていて、こういうふうに使うという点の絞り込みがちょっと甘かったという認識があります。ただ、ハイリスク、ハイインパクトで何らかのシステムを目指すのだと国が明確に打ち出せたことは、この新しい法律はすごく大きな意義があったと思います。

先ほども議論に出ましたけれども、アメリカが何でイノベーションを続けられるか考えてみる必要があります。一般的な経済学のモデルでは、同じ技術レベルでは、資本が蓄積してくると、投下した資本に対して生産高が上がりにくくなってきます。だから、発展途上国に見られるように、初期段階の投資の方が容易に成果が上がります。ただ、アメリカはそこで生産性を変えるような技術がどんどんできてきて、常に世界を引っ張ってきたというのが事実なのだと思います。日本との比較では、何といっても文化、アントレプレナーシップがすごく強い。そして何でもチャレンジしようという文化があるということと共に、そういった発想を起こす教育というものが日本とは違うのではないか。

だから、今回の法律も人材育成に関しても触れていますが、基礎的な教育からそういう理念を少しずつ取り入れていって、もっと高い目標にチャレンジする、あるいは現在ない技術を実現していく、そういう意思と能力を持った子どもたちを養成していくのも非常に重要ではないかと思います。

大野　小坂先生が、人材が一番大切だとおっしゃられたポイントはすごく重要だと思います。今のＰＭの、私の中の目標というか理想型というのは、スティーブ・ジョブズなんです。別に技術のことをそんなに知らなくてもよくて、こんなのがあったらおもしろいね、こんなのがあったら日本頑張れるよねとか、そういうイメージを持って自らが判断していくことが大切です。申請主義でもいいのですけれども、私がなぜトップダウンと言っているかというと、このイメージを持ったＰＭが、申請してきたものなり自分が選んだものなり、自分の中でそのイメージに沿ったストーリーが築けるものがあれば、ばんばん投資していく。ほかの人が見て、何だこれ、と思っていてもそれに合致するものだったら、とにかく投資するという形をつくり上げることです。ｉＰｈｏｎｅなんかでもそうですよね。「とにかくこんなのがあったらいいよね」というのがわかるような人材ですよ。こういうのがＰＭ。ＰＭが今のＩｍＰＡＣＴでプロジェクトに投資する、というリンケージができて、トップダウンでストーリーが展開できる。こういう流れをつくらないといけない。

大野敬太郎氏

あと、デュアルユースの話ですけれども、確かに安全保障が目的になってはいけない、安全保障のための研究というのはおかしいのではないかという話でしたけれども、私のイメージは、無理に「安全保障だめよ」と切って文化的に排除してしまっているのはやはりおかしいというのが問題意識です。今までは、民生に生かせる安全保障も、安全保障に生かせる民生も、安全保障の名前が出るだけで排除してしまっていた。「研究開発なんだからとにかくやろう」ということが非常に重要なのではないかというのが、私の中の視点なんです。

そういった意味で、今回、安全保障と科学技術のリンケージ、先ほど大塚先生がおっしゃったような流れというのは非常に重要だと思いますし、無理に推進するという意味ではなくて、別にここは排除しないよという文化をつくっていかないといけないのかなとは思います。

渡海　言葉尻を捉えるようだけれども、DARPAは、特に人材育成なんかしないと言っている。なぜかというと、古川先生がまさに言ったことだと思う。要するに、アメリカの、人材育成というより人材が育ってくる環境がたぶん日本と違う。そこがたぶん文化なんです。それが大野さんの言っているある種の文化であって、安全保障の問題も、あえて言うなら、たとえば今回宇宙基本計画で少し踏み込んできましたね。徐々に変えつつはあるんだ。だけれども、われわれとしてはもう少し強く提案してもいいかなというふうには思います。だいたい、総合科学技術・イノベーション会議（CSTI）に防衛大臣が入っていない。そういうところから本当は提案して変えていかないといけない。

安全保障と学問の自由をめぐる状況

大塚　まさにおっしゃるとおりで、これは以前からずっと疑問を呈されていたわけですが、なぜ防衛大臣が総合科学技術・イノベーション会議（CSTI）の常任メンバーに入っていないのか。これは諸外国ではまず考えられない、日本特有の現象だと思うわけです。最も高い次元の技術を追求している五兆円からの予算のある政府部門が入っていない。

それから、大野先生がさっきおっしゃったように、安全保障を排除するという伝統的な文化というか、これはいまだに大学の現場などでは続いているということで、防衛省が大学の先生と共同研究開発をしようとし、大学の先生も「やりたい、ぜひ一緒にやりましょう」という話になっても、大学サイドが介入してきてやめさせるという、これはある意味、学問の自由が阻害されているというような状況すら起きているわけで、その分イノベーションが起きにくくなるのは当然であろうと思うのです。この今の状況、角南先生から見ていかがでしょうか。

角南　先ほどの人材の話で、ＤＡＲＰＡの成功はＰＭというプロデューサーの資質によるところが大きいです。デュアルユースは研究者自らが意識するというよりは、ＤＡＲＰＡのＰＭ等のその道のプロが研究の方向性や成果のイメージなどを見極めます。このようなプロ集団は、個々の研究の成果がより大きなシステムとしてどう組み合わさっていくのかイメージできるわけです。

アメリカの場合、ベンチャーキャピタル（ＶＣ）にも成果を見極めマネジメントのできる人材が多くいます。ＤＡＲＰＡと並んでもう一つ私が注目しているＩｎ－Ｑ－ＴｅｌというＣＩＡが持っているベンチャーキャピタルがありますが、このＩｎ－Ｑ－Ｔｅｌは立ち上げ当初、民間のシリコンバレーのＶＣからディレクターを招いて運営を始めたという経緯があります。サイバーセキュリティなどＣＩＡが必要な技術分野に投資するのですが、狙いはやはりハイリスクでゲームチェンジャーになりそうなものを取り込むことです。

もう一つ別の観点でお話しすると、安全保障分野や防災分野は、まだ市場や日常的な需要が存在しない新しい技術を非日常的な極限状態の下で磨く機会を提供するということがあります。たとえば、宇宙空間とか深海といった環境で要求される技術水準は、その後、民間で一般的に使われるようになる前の最先端レベルのノウハウの習得になるわけです。また、こうした極限状態での技術に対する需要があるのは軍需である場合が多いのです。

アメリカはこのように軍と一体となって最先端技術を磨いてきたわけで、たとえば今では民間でも使用されているボーイング７８７の主翼に使われている複合材も、まずは軍用戦闘機に採用され技術開発が行われました。このような軍事技術の民生部門へのスピンオフは、ハイリスク研究開発にはとても重要なシステムの一つです。わが国の場合ですと、防衛だけだとまだまだ技術開発の機会そのものが小さいので、たとえば防災分野も活用するとか考えることが必要だと思います。防災の日を半年に一回ぐらい定めて、その際に新しい技術の社会実装をテストするとかです。最先端のロボット開発やサイバーセキュリティなどは、そういう特殊な環境を利用していかないと他の国から取り残されてしまいます。日本にはアイディアや要素技術はありますが、規制・制度改革や政府による調達などを利用したリスクシェアリングがないと新しい技術を社会実装する場がアメリカになってしまいます。昨年のＤＡＲＰＡによるロボットチャレンジの過程でグーグルに買収された東大発ベンチャーのシャフトもその一例ではないでしょうか。

大塚拓氏

大塚　ご指摘のロボットチャレンジ、ＩｍＰＡＣＴの中でも一つプログラムとして採用されていますけれども、こういうプログラムがないと、シーズが実用段階まで引き上げられない。先ほど古川先生が指摘をされていた素材とかセンサーの分野などもまさにそうだろうと思います。こういう場をつくっていくということが一つ。

それから、ベンチャーキャピタル（ＶＣ）も日本とアメリカの違うところで、アメリカの場合は既にテクノロジー系のベンチャーで成功し、経営もわかる、技術もわかる、お金も手元に持っているというエンジェルが既に世の中に多数存在している。日本の場合はそういう民間人材が、そもそもまだあまりいない。

さかのぼって考えれば、アメリカもＤＡＲＰＡモデルが最初スタートしたときには、そういうシリコンバレー型の人材がいたわけでもなかったと思いますので、日本はそのときのアメリカのように、立ち上げの時期にあるのかなと。そういう民間のＶＣ人材のようなものが市場に出てきて、自律的に回っていくようになるそれまでは、政府が介入して引っ張っていくということが必要な時期なのかなと。

塩谷　いずれにしても、今回の改正で新しい一歩を踏み出した。前々から、どういう新しい体制を整えるかということで、ＦＩＲＳＴがあって今度ＩｍＰＡＣＴ。今後、国の計画として恒常的にそういった予算をしっかり取ることが大切です。これまでは一回限りで終わっているのが多いですね。ですから、今回ＩｍＰＡＣＴを、補正で取った。それを通常予算で毎年か二年に一度、募集をするかあるいはＰＭを育ててトップダウンでやるか、そういうのはいろいろな形態があると思いますから、これから恒常的にそういう場をいかにつくれるかというのが政治的な大きな課題だと思う。

先ほど渡海先生から、デュアルユースというのは結果論だと。まさにその通りで、私も研究開発についてはそんな壁があってはならないと思う。特に安全保障とか、国と生命の安全ということを考えれば、リスクというものをいろいろ並べると、防災がそうだし、サイバーの問題もあるし、われわれが生きていくためにはさまざまな危険と隣り合わせで、研究の対象となるのはたくさんある。

その一つが安全保障。特に日本の場合は軍事転用みたいなことを言うとすごい拒否反応が起こる。そうではなくて、安全保障という言葉だけでも、今のわが国を取り巻く安全環境も相当変わってきていることも事実だし、宇宙開発の面でもそういう面が大分取り上げられて、具体的な文言として入ってきていますから、まさに今そういう時期に来ているのだと思います。

ですから、これをいかに政策的に続けて、そういう場をもっともっと拡大していくことが今問われているのだと思います。われわれとしては、恒常的なそういったプログラム、あるいは新しいものも含めて、大いにこの分野の研究開発を推進していくことが必要だと思います。まずはImPACTの成果を期待して、人材育成の分野というのはいろいろな場をつくるということがまさに結果的に人材育成になると思いますので、そういう点でいろいろなこれからの新しいプログラムをつくることが必要だと思っています。

小坂　われわれが求める研究開発力というか、先端的研究というのは何かというと、基本的に日本が豊かになる、そして人類の生活が向上する技術だと思うのです。人類の生活が向上する技術というのは、本来われわれがいろいろ求めている、医療分野やあるいは技術の製造分野や、そういった面で豊かになるという技術だと思うんですが、一方で、エンターテインメント部分で稼げる技術というのもあるわけです。

その分野で見ると、昔のタレントさんというのは、一人のアイドル的な存在がいて、その人を中心にブームが展開していた。ところが最近は、「踊りよし、歌よし、見かけよし」といういろいろな分野の人を総合的に数を集めて売り出すというようなのが一つの形になっている。だから、稼げるものというのは必ずしも一つではなくて、時代とともにどんどん変遷しているわけです。

われわれが求めるPMというのも、今までのFIRSTからImPACTへ来て、そして今度の研究開発力強化法のようなものができて、そしていろいろな環境整備が少しずつ進んで予算がつくようになってきた。そういう中で、われわれが今まで目指していたものではない分野で稼げる技術、あるいは稼げる研究というのは出てくる。その下地が今回できた気がするんです。だから、さっきお話があったように、人材育成も、育成、育成といってつくったのではないんだと。それは一つの文化のように、流れの中でそういう人がセンスを養い、今までは排除されていたような感性の人が、ある日突然中心に躍り出て、従来では異端児であった感性が、先端的なリーダーになれる。そういう時代が来る。そのきっかけをわれわれはつくってきたような気がする。それをわれわれはさらに追求して、そして異端児と言われるような人がリーダーになれる社会をつくって、幅広く研究分野を推進していきたい。

渡海　たぶん、場の提供というか、今回のＩｍＰＡＣＴもそうだけれども、ああいうことが日本でもできるようになったのだから、たとえばアイディアのある人が、「俺こんなこと考えているんだけど、これに乗らないかな」ということの可能性を見つけられる、そういう制度がたぶんできたのだと思うんです。これは確かに、継続的にやればば自然にそこで手を挙げる人は出てくるような気がする。

「ウォークマン」は日本人がつくり出したんだから。今までは動きながら音楽を聴くなんて発想はなかった。しかも、こんな小さいものになって、結局はダウンロードというシステムを導入したのはあっちだったわけですね。著作権の問題があって日本は抵抗が大きいものだから、そこのところがうまくやれてない間に、あの技術が世界を席巻して、今やむしろアーティストにとっても非常にいい世の中になっているわけです。

細かい話で恐縮だけれども、クラウドコンピュータの問題を、著作権をどうするかというのは、文化審議会でも非常に大きな議論なんですね。イノベーティブにするためには、従来のものを守っていてもなかなかできない。アイディアを持ち込んだら、それをある程度実現できる場所、機会みたいなものを提供できたという意味では、この法律の果たした意味も大きいし、また、これから波及したＩｍＰＡＣＴのプログラムというのも非常にいいのではないか。その参考になったのがＤＡＲＰＡと。こういうことではないかと思います。

大野　一つ私が心配なのは、ＰＭの皆さんは、誰が聞いても全員納得いただける方になっているわけですよ。みんながすごいねと思う人ばっかり。そうではなくて、何でこの人なのとみんなが思うような人を、すっと引っ張ってこれるような体制でないとおかしいと思っている。

私が十数年前に民間会社の研究部門にいたときですが、ネットと言えば、まだ当時はＵＮＩＸ上だけしかやってなかった。そんなときに、「あっ、これテレビになってそのうち宣伝をやるよね、ネット上で」と言った人がいました。私が勤めていた会社に。誰もそんなこと想像しない。でも今は、そんなことは常識になっている。こういう人が埋もれているんですよ。だから、育てなくても見つけられるはずなんです。ｉＰｈｏｎｅもそうです。何年も前に、「こんなのできるね」と言った人がいますから。

大塚　これは、今回の改正法で議論になっていた目利き人材とも関係すると思いますけれども、高いレベルでの目利き人材というものが日本にはいないし、その目利き人材にリスクを取るだけの権限を与えるような仕組みもないという所もあるのだろうと思いますから…。

小坂　そこはやっぱり予算。予算があれば､リスクテイクできるんですよ。リスクのあるＰＭも採用できるんです。

大塚　数少ないものの中で何とか当たりを出さなければいけないという絞り込みをするので、リスク排除型になってしまうという問題もあるかと思います。

古川　われわれはＦＩＲＳＴの検証というのもしっかりやらなければいけない。たとえば、山中先生は素晴らしい成功を収めましたが、ノーベル賞の対象になった論文が出ているのはＦＩＲＳＴをやる前なので、そういう意味ではもうすでに､成功の見えたところに投資しているのかもしれない。先ほどの問題意識にも通じるのですけれども。「このぐらいだったら説明責任が果たせるだろう」という投資になったら意味がない。本当にそのプロジェクトの魅力で選んでいく。それは総合科学技術・イノベーション会議が完全に専権を持って、司令塔として引き上げていくというシステムが本当にできないと、なかなか難しいと思います。

渡海　僕は、総合科学技術・イノベーション会議のような合議体の議論で、今大野さんが言っているような選択というのはできないと思うんですよ。ＤＡＲＰＡでそういう人を引き上げているとしたら、なぜ向こうは可能なんですか。

角南　ディレクターの権限です。

渡海　そのディレクターというのは一人なんですか。

角南　一人です。そのほかに、副ディレクター一名とディレクターを支えている数名のオフィス・ディレクターがいます。

渡海　選ぶシステムの改革というのが絶対要るんだね。

角南　はい。ですので、ＩｍＰＡＣＴも続けていくことが重要です。そして、試行錯誤を繰り返しながら日本式の制度を設計していく必要があります。ディレクターのリーダーシップの下で、ある程度の時間をかけて、国民に対しハイリスク研究開発に税金を投じる意味をきちんと説明しながら運営していける経験を積む必要があります。

渡海　そのディレクターというのはどういう人。サイエンス・アドバイザーとは違うんでしょう。

角南　違います。

小坂　サイエンス・アドバイザーとかなり似たもの。総理の科学技術顧問をつくろうとわれわれも思っていたわけです。総理の権限によって、「科学技術顧問がこう言っているから、このプロジェクト行けよ」というような、トップダウンの部分もなければいけないですよね。

古川　さっき小坂先生がおっしゃったエンタメの部分とか、たとえばディズニーランドってすごい発想だと思うんですよ。あのシステムは、人間の本能に働きかけるものなのだけれども、あれは科学技術から出てくる発想ではないですよね。だから、本当に高い目標を持って、全然違うようなコンセプトと科学技術を結びつけるというところも必要なのかなと思います。技術からだけだとなかなか次の新しいビジネスができないのではないかという気がするのです。何か売れるようなというか、商機になるようなコンセプトを重ねて革新的なものを取っていけると、ちょっとまた違った展開があるのではないかなという気がします。

角南　ゲームを変えるようなイノベーションですから、技術が社会に普及することが必要です。だからおっしゃるとおり、プログラム・マネージャーの多彩な才能で研究開発を推進することが求められます。そうした能力をうまく引き出すのがディレクターの役割です。また、個々のプロジェクトが全体的に政策的ニーズに応えられているように方向性を決めていくことも行います。まさに、そこはサイエンス・アドバイザーに似ているところで、こういう人たちがアメリカに存在するということです。わが国でもこうした人材を育てていかないといけないと思います。

小坂　ＧＰＳを発明した人は、まさか今のゴルフ場でのナビが生まれるとは思ってなかったと思うんです。今のゴルフ・ナビゲーターは、そこに立ったら、どこのゴルフ場の何番ホールにいるかというのが自動的にわかって、さらに何番のクラブでどのくらいの距離を打てばいいのかというのまでアドバイスしてくれる。そのうち、パターを構えると、パターからビームが出て、それでボールをポンと打てば入る、そういう時代になりますよ。

イノベーションの実現と国の役割

大塚　まさにおっしゃるとおりで、ＧＰＳは最初軍事目的で開発をされたわけですから、それが今のような形で市場に出るということは当初予想もしなかっただろうし、計画してできるものではないということだと思います。

古川先生もおっしゃったように、まさにディズニーランドのようなコンセプト、アップルもそうだと思いますけれども、スティーブ・ジョブズが描いた夢を技術と結びつけて新しいものを生み出していく、こういうシステムが必要なのでしょう。民間の場合だったら、たとえばｉＰｈｏｎｅなどは、「このコンセプトは市場で絶対ウケるんだ」という確信の下で開発を進めていくわけですけれども、技術とコンセプトを結びつけてイノベーションを実現していくときに、国としてはどういう役割を果たしていくべきなのか、ということについて、先生方からお話を伺いたいと思います。

渡海　そこは大変難しいところで、日本がトップランナーとして走っていたときに、何をやっていたかといったら、国家はかなり大きな目標を持ってちゃんとつくり上げていたと思う。たとえばエネルギーで言うと、「サンシャイン計画」みたいなものをつくって、こういうふうにやろうとかいうこともやってきたわけだし、今はなかなかそれが難しくなっているから、その辺をどうするかという問題がある。

もう一つは、国の役割はますます大きくなっている。それは、企業が遊びに使える部分が非常に少なくなっているという、今の社会経済情勢があると思うんです。そこで国がもっと大きく出っ張っていかなければいけないというコンセンサスをどうやってつくっていくかが非常に難しいのではないかなという気はします。

小坂　国の役割というのは、企業および個人が研究開発を自由にできる環境づくりです。企業に対して言えば、税制面の優遇によって研究開発投資をもっと優遇してやるということ。今までかなり研究開発については優遇されていたはずなんだけれども、最近だんだん締められてきて、そして企業の環境も厳しく難しくなってきていますが、やっぱり研究開発にかけるお金がもっと潤沢になるような企業会計に改善していくということ。

それから個人においても、そういった研究開発に自分でお金を使った場合には必要経費として認められるような、特許を出せばそれに関連して掛かった費用は損金で認めるような、何かそういう制度でもつくらないと、個人の研究開発というのもなかなか伸びていかない。企業だけではなくて個人が何か発想して地道な研究をするというのがかなり大切なことだと思うので、そういった環境醸成もできるような、そういう制度づくりが国の役割の一つだと思います。また、ハイリスク、ハイインパクトなものに対して国の予算をつけるということも同じように大切なことだと思います。

古川　リスクマニュアルの話でよく思うのが、特にベンチャーキャピタル（ＶＣ）への投資がなかなか進んでいかない。今回、ＧＰＩＦ（年金積立金管理運用独立行政法人）の改革の話になっていますけれども、アメリカでは年金基金から一定程度は未上場のベンチャーに流れるわけです。額のトータルが大きいので、ほんのちょっとでもすごく影響があるわけですね。そういうのを進めていくのも国の役割なのかなと。研究開発に投資できる環境、マッチングファンドもそうです。そういった技術解決型のベンチャーが育っていく、それにチャレンジできるような環境をつくっていくことは一つ大きいです。

それをやっていくとともに、ある程度人材育成、それからどこか障害があれば規制緩和、これは徐々に進んできていますけれども、たとえば、細かいことになりますけれども、大学の利益相反の問題ですとか、医薬品の領域でいえば、旧薬事法の改正ですとか、ああいうところでずいぶん進んできたと思いますけれども、これからそれをさらに研究開発がしやすいような環境に変えていくことはすごく重要だと思います。

大塚　最後に、角南先生、国の取るべきリスクと意思決定の仕組み、トップダウンでリスクを取れるようにするにはどうするべきか、あるいはＤＡＲＰＡのディレクターが果たしているような役割をどう考えるか、その辺をお話しいただけますか。

角南　グローバルでオープン・イノベーションの時代にあった国の役割を考える必要があります。国際的な頭脳の循環を促進し、世界の最先端研究の流れをうまく取り入れていく仕組みも必要です。そういう意味では、オープンなところはオープンでなければいけないし、そしてデュアルユースのように機微な技術についてはきちっと国が戦略的思考に基づき管理しなければいけません。そういう意味では、政府は全体を見渡してバランスの取れた制度運営をしていくことが求められます。民間だけでは担えないハイリスク研究を支えるということは、不確実性の下に柔軟的なプログラムを政府として実施できるよう、必要な人材も育てながら長期的な視点で考える必要があります。まさに今回の法案は、このようなバランスの取れた視点で作成されている点に大きな意義があると思います。

日本の研究開発能力が相対的に低下していく中で、一〇年、二〇年後にわが国が世界のフロンティアの一角を担い続けていけるように、世界で戦える人材を育てていくことが一番忘れてはいけない国の役割です。ですので、大学改革や研究開発法人制度を同時に進めていかないと、本当のイノベーション・システム改革になりません。

渡海　増田寛也さんが言っていたけれども、今年は出生数が一〇〇万人切るかもしれないと。前半で五〇万ちょっとらしい。後半は増えるのだけれども、前半の五〇万ちょっとの中には日本で学んでいる外国人も入っているから、そうすると、ひょっとして一〇〇万人切るかもしれないと。われわれのころは三年間で八〇四万人ですから。だから、少なくなる中で人材をどうやって育てていくか。もっと外国人を後押ししてあげられるような仕組みをつくらないといけないですね。

角南　先ほど申しましたように、Ｉｎ－Ｑ－Ｔｅｌの最初のディレクターは中国系アメリカ人です。ＤＡＲＰＡの今の女性のディレクターはインド系アメリカ人です。アジアのなかの日本であって、もっと国内外の有能な人材が活動できる場をつくることも考えないといけないです。

古川　外国人が活躍できる文化がない。これは問題。

大塚　これも日本にとって大きな課題というか、これまでタブーとしてきた分野ですけれども、外国人の人材の問題であり、軍事分野の問題であり、これまで日本がタブーとしてきたところに切り込まなければならない時代になってきたということなのかもしれないですね。

角南　そうですね。グローバルでオープンなイノベーション・システムを考えると、安全保障に関わる技術開発であっても、世界中の頭脳を活用できるオープンなシステムとクリティカルな技術のノウハウを守るという、まさにデュアルのシステムをつくるということです。

大塚　アメリカの大きなイノベーションをもたらす研究開発、これは軍事分野の研究開発も含めて、外国人研究者が担っているという実態はありますね。もともとが移民の国であるアメリカと日本では前提条件が大きく違うわけですけれども、日本もさまざまな変化を求められる時代に突入していると思います。

それから、お話があった大学改革、これは今回の研究開発力強化法でターゲットにし切れなかったところもあるわけですけれども、大学改革は今後の大きな課題だろうと思います。

本日はありがとうございました。

座談会③

研究開発機関のあり方、国の役割、科学技術分野の人材育成

〈出席者〉

野依　良治　氏（理化学研究所理事長）
塩谷　立　氏（衆議院議員）
渡海紀三朗　氏（衆議院議員）
小坂　憲次　氏（参議院議員）
後藤　茂之　氏（衆議院議員）
伊藤　渉　氏（衆議院議員）
古川　俊治　氏（参議院議員）
大野敬太郎　氏（衆議院議員）
小松　裕　氏（衆議院議員）
宮崎　謙介　氏（衆議院議員）
山下　貴司　氏（衆議院議員）

【司会】

大塚　拓　氏（衆議院議員）

写真前列左より、後藤茂之、塩谷立、野依良治、渡海紀三朗、小坂憲次、古川俊治、後列左より、山下貴司、大野敬太郎、伊藤渉、大塚拓、小松裕、宮崎謙介の各氏。平成 26 年 10 月 7 日、衆議院第一議員会館第一会議室にて。

研究開発力強化法改正と今後の展開

大塚　改正研究開発力強化法の一番の眼目が、独立行政法人通則法を改正して研究開発法人をつくるというところにあったわけですが、本日はそれに向けての立法作業に携わった方、全員に出席していただきました。

昨年、改正研究発法が創設をされたわけですが、その四九条に基づいて通則法を改正して、国立研究開発法人制度を創設するということになりました。その背景には、日本が制度面の問題などもあって、国際的な頭脳循環から取り残されているのではないか、そして研究開発法人でも、人材の獲得などのさまざまな活動ができないという状況が長年続いていた、こういう問題意識があったわけです。野依先生からも多くのご指摘をいただく中で、この機に抜本的な手だてを講じないと、長期にわたって日本のイノベーション、経済成長、科学技術の振興ということにも問題が出ることが避けられなくなるタイミングではないかということで、昨年、皆様の英知を結集して改正研究開発力強化法を成立させました。この制度創設にあたって、まず冒頭、野依理事長から、制度創設の意義、国の役割への期待、それから法改正に至るまでにはいろいろな問題点があったと思いますが、それがこの法改正に伴ってどのように今後推移していくことを期待されるかなど、お聞かせいただきたいと思います。

野依　まず、この改正研究開発力強化法により、国立研究開発法人制度が創設されたという意義は極めて大きいと思っております。ご尽力された議員の先生方に御礼申し上げ、また敬意を捧げたいと思っています。

いずれの先進国におきましても、科学技術は必ずやイノベーション、さらに経済成長に貢献すると考えられています。アメリカ国民の収入の増加の八五%は技術革新に由来する、経済成長の五〇%から七〇%はイノベーションに由来すると言われています。ここでいうイノベーションは単なる技術革新ではなく、経済的あるいは公共的な価

野依良治氏

値の創造を意味するものです。

世界を広く見渡しますと、人類社会は人口爆発に端を発して、気候変動をはじめ大きな課題を抱えており、わが国にもその軽減に貢献が求められます。一方で、日本を取り巻く状況は極めて厳しいものがあり、公的債務が一千兆円を超える、そして少子高齢化が著しい、毎年三八兆円に上る国民医療費負担があるなどで、閉塞感が漂っています。

現代は、「ザ・ワールド・イズ・フラット」と言われるように、世界はあらゆるところで障壁が低くなっています。地域や国の壁を越えて情報あるいは人材の流動性が高まりグローバル化が進む中で、科学技術こそが国境を越えて通用する共通の通貨です。したがって、わが国も主権国家として生き続ける道は、研究教育体制を国際標準モデル化して、競争力のみならず協調力を強化することで、科学技術を国力の源泉とする以外にない。もちろんこれだけでは不十分ですが、不可欠の条件でしょう。

戦後を振り返っても、わが国は潜在力は十分にあるので、それを生かして、V字形の反転をしなければならない。他国のせいにしても始まらず、現実を直視した上で自ら国の方向を決定すべきだと思っています。この文脈の上に、改正研究開発力強化法があると考えています。

公的研究機関の役割とは何か。わが国の研究開発体制を考える際、個人の内在的動機に基づく学術研究を中心とする大学は極めて大切です。しかし、それだけでは全く不十分。各国とも公的な研究開発機関が国家戦略に基づいて明確に目標あるいは分野を設定して、研究をしている。そこでは、集中と選択、そして目標の達成、つまり「やり切る」ことが重視されている。しかし、研究というのは独自性のある、創造的な営みですから、常に不確実性を伴う。逆に、予見不可能性が大きな飛躍をもたらすこともしばしばあるということから、この波及効果、特に社会に対するインパクトは全く非線形になります。したがって、わが国の国立研究開発法人には、まずは卓越した総合的な研究、それから国家基幹技術と呼ばれるような高度な研究基盤の構築、あるいは産業界などにおけるイノベーションへの橋渡しなどの役割が期待されます。

この新しい法人制度は、研究開発活動の成果を最大化するためのものということになっています。もちろん業務の効率化あるいは費用対効果の最大化は大前提ですが、研究開発は明確な目標を効率的に行う定型業務とは全く性質が違います。通常の費用対効果向上あるいは業務の合理化ではなくて、むしろ不確実性の中で、創意工夫によって、一定のインプットに対して科学技術イノベーションの効果を最大化することが、新たな研究開発法人の第一の使命だと伺っています。そのためには、法人の長の理念の下で、それを実現する自律的なガバナンスの構築が不可欠です。ここが定型業務を行う行政法人と著しく違うところだと考えています。

世界を眺めてみますと、研究所の規模とあるいは性格というのは極めて多様です。日本の理化学研究所や産業技術総合研究所、あるいはドイツのマックス・プランク研究所、フラウンホーファー研究所のように総合的な機関もありますが、目的が医療、宇宙、航空、加速器などに特化したものもあります。運営は一様ではなく、その特性を十分に考えていかなければなりません。

次に頭脳循環、そして指導者たちの争奪戦はどうなっているか。現代はいわばネットワーク型の知識社会であり、さまざまな頭脳を集めて新しい知恵を出すとともに、スピーディーに物事を進めなければいけません。基礎科学研究であれ、技術開発であれ、またイノベーションであれ、従前の自前主義の病弊から脱却する必要があります。もちろん、優れた個人の才能あるいは努力は必要ですが、個の力というのはごくごく限られている。日本の国内、さらに個々の研究機関の知的資本が質的に量的に限定的であるということは明らかです。

したがって、重要な課題に迅速に対応するには、個人戦から団体戦に向かう適切なチームをつくっていかなければいけない。そのために頭脳循環を促進して、老若男女の異才、違った才能を集積し、グッドミックス、さらにネットワークをつくって運営していかなければいけないのです。新しい発想と研究の実践のため、あらゆる研究分野から、あらゆる国、地域から、最も優れた人を集めなければいけない。そして産学官、さまざまな社会と機敏に共同研究することなく科学の社会実践あるいは実装はないと考えます。これこそが研究開発法人が国益に向けてそれぞれ知恵を絞り、そして目指していくべき方向ではないでしょうか。

現在、大学や企業、国家についても、成功しているものはすべて人材の多様性を重視した結果です。ただ見た目に多様であればいいというのではなく、最優秀者を集めていくこと。そのために、大学や研究所、企業、国家、いずれにせよ魅力的でなければいけない。特にグローバルな経済活動に関わるイノベーション、さらに気候変動、エネルギー、環境、感染症の予防等に関わる科学技術には全く国境がない。いろいろな国と互恵関係を戦略的につくっていくことが必要だと思います。

わが国では、文部科学省などでも、研究者あるいは学生の国際交流ばかり話題にしておりますが、最も熾烈《しれつ》なのは、国を超えた指導者の争奪戦です。責任者には広い視野と人脈、それから果断な行動力が求められますが、存在感のある指導者の下には、必ず有能な若い者たちがこぞって集まってくる、そういう状況にあります。二〇〇一年にノーベル生理学・医学賞を受けたイギリス人のポール・ナース（現・英国王立協会会長）を巡ってイギリスとアメリカの間で争奪戦があったことはあまりにも有名です。最近では、アメリカとロシアとの間でも厳しい争奪戦が起こっています。

外国では実際に能力優先主義で、国立の機関だからといって国内の人を任命するとは限っていません。外国人の登用もあり、一兆円の資金を持っているサウジアラビアのＫＡＵＳＴ、あるいはシンガポールの南洋理工大学も、極めて著名な外国人を学長に登用しています。有名なドイツのマックス・プランク研究所は、理事長はドイツ人ですが、所長は、四人の日本人も含めて三割が外国籍と聞きます。日本では、文化的な障壁に加え、目に見えない細かな制約が、外国人の招聘を許さないようです。

ちなみに、これらの指導者あるいは優秀な研究者、さらに特別な才能を持つ事務方も、「市場価値」があることが常識になっています。私が勤める理研では、研究者レベルの採用において、外国人であれ日本人であれ、給与などの条件面で、どうしてもアメリカ、ドイツに競り負けるということが何度もありました。とにかく今のスポーツの世界と同じで、科学技術の世界においても、優れた人材の輸出入のバランスが非常に悪い。経済大国である日本が、グローバル市場の獲得競争に勝利できないということは、極めて皮肉な、また残念なことです。

それから、国力の源泉たる研究開発機関について、今回独立行政法人から、ナショナルプライドである国立の名を冠した「国立研究開発法人」に移行するということは、大変すばらしいことだと思っています。名前が独立行政法人では元気が出ません。イギリスでは「ロイヤル（王立）」という名称を付けて、高いプライドを維持しています。今後は、研究機関の所員たちも、国力の源泉であることをしっかり自覚しながら、使命を全うしなければなりません。

では、いかにすれば研究開発成果を最大化できるか。国立研究開発法人に類型化されることになったすべての研究機関はそれぞれの使命を果たすとともに、各省庁の縦割り構造の制約を脱して、この共通の枠組みを通じて連携を強化することが必要です。つまり、知の集約をすることが最も有効であって、国はそのためのインセンティブを与えて、適切に評価すべきです。特に、オープン・イノベーションに向けて自律的な取り組みを促すことが大事だと思っています。

安倍総理は、「日本を最もイノベーションを起こしやすい国にする」と宣言されました。顧みますと、わが国のイノベーションというのは、企業が主体として、あるいは企業内で駆動されてきたものが多い。今後は、非常に高い水準の大規模インフラを持ち、また多くの専門家を擁している国立の研究開発法人を活用しなければいけない、そしてもちろん大学も活用するという三位一体の活動が必要かと思っています。

実は、世界の公的な研究機関には、この観点から共通する問題があります。それは、機関の孤立化です。現在はネットワーク化知識の時代であるにもかかわらず、いろいろな法律によって、それぞれの活動が制限されているのです。これをすべし、それ以外はしてはいけないということで、機能の連携を欠くために、せっかく持てる力が十分に発揮されていない。これが世界の共通の問題だと私は見ています。もちろんそれぞれの研究開発法人は固有の国家戦略目標を持っており、これは十分な財政支援のもとに、的確に目標管理をして、確実に達成していかなければいけない。しかし、それにとどまれば成果の最大化は得られません。一〇〇を目標値とすれば一〇〇で終わり、頑張っても一〇一、一〇二、一〇三ぐらい、決して成果の最大化は得られない。

どうすればいいか。私は各法人の自律性に基づいて、その特徴を積極的に生かして、外部との連携、共同作業を図る以外にないと思っています。つまり二〇から三〇程度の自由度を与えて横展開をさせ、ここから五〇、あるいは一〇〇以上の成果を得る、ということです。そのためには、単に優秀な研究者、技術者だけでは不十分で、彼ら、彼女たちを束ねるようなコーディネーター、さらにプロデューサーなどが必要であると思っています。

国にお願いしたいことは、政策誘導による、府省庁縦割り行政の排除です。国立研究開発法人は同じ屋根の下にいるわけですから、そのネットワーク機能発揮のために、財政援助と共に、研究法人システム共通のいわば仲介プラットフォームをつくっていただきたいということです。たとえば、研究企画や知財管理、活用もここで行う。

もう一つぜひお願いしたいことは、研究は人の営みですから、有能な人材を持続的に確保していかなければいけない。現在は、ともすれば五年期限のプロジェクト方式で、有能な若者を使い捨てに、あるいは消耗させてしまっている。この状況をぜひとも解消しなければいけない。競争的環境は不可欠ですから、全部終身雇用にせよと言っているのではありません。しかし、優秀な人は、五年でなくて、将来性を判断しながらしっかりと一〇年、十五年育てていくということが必要かと思います。今申し上げたようなシステムができれば、世界に類例のない、柔軟かつ動的な連携関係を持ったわが国が誇る研究開発システムができる、私はそのように思っております。

小坂　われわれが法改正のモチベーションを持ったのは、一番強いきっかけは、野依先生のお話を党本部で聞いたことだと思います。このままでは優秀な外国の研究者は日本に来ませんよと、そして今、全体的な環境改善をしなければ取り返しのつかない遅れを生じてしまう、そういったインパクトのあるお話をいただいて、いくつかの例を引いていただきました。

小坂憲次氏

それをわれわれは頭の中に置いて、このままではいけないのだという認識で、それぞれのヒアリングをし、そして先ほどのお話にあったような四九条改正ということにいったわけです。

今のお話の中で、各学校の学長や理事長が、優秀な人がみんな何の遜色なく任命されている、これが本当に日本の環境ですぐできるかというと、私は、法律の問題ではなくて風土の問題で、なかなか難しいのではないかと。日本の研究風土といいますか、学界の風土の問題が改善されないと、なかなかそういうものを受け入れる下地ができてこないのではないかなという印象を深く受けた

古川俊治氏

後藤茂之氏

のです。

特に、各法人の特徴を生かして横の連携をするには、やはりプロデューサーが必要だ。これがリサーチ・アドミニストレーターとかそういった話につながってくるわけです。それと同時に、総合科学技術・イノベーション会議の中で、参与といいますか、技術顧問というものが必要だとわれわれは言ったわけです。横断的にプロデュースして、特定のターゲットに合わせて、一つのイノベーションのためのチームをつくってネットワークを構成しようと、そういう指令を出す人が必要だと。そしてそれを常にウオッチしながら推進していく、そういうイノベーターが必要だなという印象を受けました。

古川　問題意識はみんな同じだと思うのです。今回の改正で言うと、特に国立研究開発法人で、独立行政法人の改革の中で、これをどう位置付けるかというのが一番大きなテーマでした、これは間違いないことだと思うのですが、日本全体からすれば、実は民間のイノベーションという部分がずいぶん大きい。

一番根底の問題としては、民間そして私立大学も含めた大学、国立研究開発法人、これらをすべて含めて、研究者のその分野のプラットフォームをつくっていくことが、これからの国立研究開発法人に求められる一番の役割だと思います。この人材の循環をスムーズに行っていくこと、そしてそのポピュレーションの中で最大限の成果を引き出していくことが重要です。まず最初のステップが、これでできたような気がしています。

後藤　研究開発を効率的にその成果を最大化するためには、それを可能とする体制の整備が必要です。研究開発法人制度を整備することがまず必要ですし、官・民を通じたプラットフォームもつくらなければなりません。研究開発法人については、現行の行政組織法上の仕組みとの間の折り合いをつけるにあたって、それなりの法技術的な問題はありましたけれども、基本的には、研究開発ということがきちんとできる、イノベーションにつながって社会の仕組みそのものが科学技術によって変わっていく、人間の暮らし方が変わっていくというところにつなげられるような体制整備という視点で新制度の創設に取り組みました。研究開発法人のプロジェクトをはじめ、公的な大学の基礎研究、あるいは民間の応用に近い部分のイノベーションについて、国家戦略の視点から国家プロジェクトとして採択し、そこに人を集中して動かしていくということをうまく進むようにしなければいけないと思います。

大野敬太郎氏

大野　前回、角南先生とのディスカッションで、なぜアメリカが成長力を維持できて日本がそうでないんだという議論がありました。アメリカの場合は、一定程度の投資を将来のために行っていて、その一つの例がデュアルユースの分野でもあるのではないか、こういう文脈でした。私は、投資をしていくんだという観点というのは非常に重要だと思っています。当然、個々の独立行政法人なり国立研究開発法人が自分のガバナンスを強化していくというのは大切なんですが、国としては、ある種のリスクを負って、そして投資をしていくという、何割かというのを定めてやっていくというのは一番大切なことなのではないかと思っています。

その中で、それぞれの研究者というミクロの視点と、それから国による将来への投資というマクロの視点をどうやってつないでいくのかというのが、政治の役割だと思います。そこを、これからもっともっと詰めていかなければなら

宮崎謙介氏

ないだろうなというのが、私の第一の視点です。

宮崎　数年前、スタンフォードに行ったときに、日本の大学もしくは研究機関との違いを実感しました。あらゆる研究所、大学の中に企業が入り込んで、たとえば自動車会社の部品を一緒に開発するということをどこの研究所でもやっていたりするぐらい、産学連携が進んでいるなという実感を持ちました。その辺りは、企業側の理解と同時に学校がそれを受け入れる体制、たとえば日本では、この自動車のこの部品の構造設計を一緒に開発したいという場合に、どこに話を持っていっていいかわからずなかなか先に進まないという現状がずっとありましたので、こういった制度設計を含めて、もう一回見直す、大変重要なタイミングを迎えていると思います。その入り口がしっかりできれば、それぞれ知恵を持っていますし、リソースも持っていますし、いわゆる企業が欠けるところを学校側のほうに、もしくは研究機関のほうに持っていくということが双方にとってメリットになると思いますので、そういった観点も含めて進めていければと思います。

小松　自分自身、医学研究、基礎研究、臨床研究もやってきたわけですけれども、日本のためというか、野依先生は日本の経済的・公共的な価値の創造とおっしゃいましたが、研究者として当時はそういう意識があまりなかったなと、振り返ってみると感じます。つまり、医学の進歩のためにやっているという意識はあっても、それを日本の力にしようという意識はなかった。今回の改正というのは、逆に研究者の側に、それも大事なんだという意識を持たせるという意味で、大事な改正なのではないかなと感じました。

　同時に、研究者というのは、国のためとかよりも目の前にある興味、これを何とか解決したいとか、探究心でひたすら寝ずに研究するという面もあると思うんです。ですから、そういった研究者の一個人の能力も引き出すような仕組みもこれからつくっていかなければいけないのではないかなと思います。

もう一つは、野依先生は個人戦から団体戦へというお話をされましたけれども、これからわれわれが考えなければいけないのは、研究者をどう評価するかということが必要です。今までは個人評価でしかなかった。つまりインパクト・ファクターなどで個人としての研究者が評価された。

団体戦となると、当然、野球チームでも四番バッターばかりいてもいい研究はできない。それぞれ脇役がいたりするわけで、論文には名前が載らないかもしれない脇役をどう評価するか、その仕組みをつくらないと団体戦にはならない。これが大きなポイントではないかなと思います。

山下　今回、議員立法に関わらせていただいたきっかけは、大塚先生から「京都に行かないか」と、そのひと言で軽い気持ちで行ったのが、京都大学とiＰＳ細胞研究所だったのです。

そこで山中伸弥教授や京大の皆様から話を伺って、最先端の研究所やあるいは大学ですら十分な研究のリソースがない。トップレベルの研究者が研究に打ち込む環境にない。これが日本の現実だということを目の当たりにしました。

山下貴司氏

そこで、トップレベルの研究者が研究費や研究資材を調達するのに大変な苦労をされている、あるいは研究をバックアップする人材の地位がしっかりしていない。そういったことに気づいて、これを何とかしなければいけないという思いで、この議員立法に真剣に取り組むことになりました。本当にいい経験をさせていただいたと思っております。

私は党で知財戦略調査会の役員をしているのですが、日本というのは研究開発力は非常によいのですけれども、それを権利に結びつけて産業化して、さらに多くの研究者の皆さんに集まっていただくという、そういう仕組みがまだまだ十分でない。今回の改正では、研究開発法人による出資をある程度広げたということで、研究開発法人が持っている知財を産業に結びつけていく、あるいは権利としてしっかりと守っていくという方向で、この改正研究開発力強化法が役立つと思っています。

今後、研究開発をしっかりと実用に向けていく。たとえば、トップレベルの研究室にとどまるだけではなくて、産業化していくなど、研究開発の裾野が広がっていって、それが日本の研究開発力を大きく育てることにつながればいいなと思っています。

伊藤　これまで出てきたように、iPS細胞は皆さんご存じですし、科学技術のイノベーション委員会で見せていただいた筑波大学のロボットスーツなど、わが国の中にすばらしいイノベーション、またそういったシーズが点在しています。今度、自公政権において進めている経済政策（アベノミクス）により経済を再生させていくときに、大きなポイントになるのが科学技術・イノベーションの分野だろうと思います。

伊藤渉氏

そうした中で、国としてどういう方向を目指すのかをより明確に示していく必要があります。それはアメリカで言えば科学技術顧問のような国の目指す方向性が各界の科学技術者の方々に速やかに伝わっていく、そういう存在が必要だろうと考えています。現時点であれば、総合科学技術・イノベーション会議がそういう役割を担っていくんだろうと思います。そしてこの総合科学技術・イノベーション会議が司令塔機能を担い、民間企業や大学等を通して、現場の隅々にまで情報がスピード感を持って伝わっていくようになることが重要です。また、国の意を受けて、まさに現場にあるさまざまなシーズと国が目指す方向性をマッチングさせていくために、国立研究開発法人はイノベーションハブとしての機能を発揮していかなければなりません。しかし、現行法においては独法通則法で縛られているところがあって、なかなか思いどおりの働きができない。そこを改善するための第一歩を今回の改正で踏み出せたのではないかと考えています。ただし、これはまだ道半ばですので、こうした取り組みが軌道に乗るまで、私もぜひ力を尽くしていきたいと思っています。

知識資本時代を生き抜く

大塚　ここで、先ほど小松先生からご指摘のあった、さまざまな職種の方々の評価という論点に戻りたいと思いますが、今回の研究開発力強化法改正でも、リサーチ・アドミニストレーターといった職種を制度として、しっかり確立をして育成していかなければいけないとか、あるいは目利き人材といったものが日本で欠けているといった、以前から指摘をされていながらなかなか解決されていない諸問題に焦点を当て、条文でも手当てをしているということになっているわけです。あるいは、知的財産権に戦略的に取り組んでいくにしても、専門の人材がキャリアパスの一つとして確立され、優秀な人材がその分野を目指して頑張っていく、こういう社会的土壌をつくっていくことが必要なんだろうと思います。こういったさまざまな職種、また外国人材や老若男女、多様な人材をどのように育成し活用していくか、わが国がいかにして知識資本時代を生き抜いていくべきなのかということについて、野依先生からお話をいただきたいと思います。

野依　知識が資本となる、つまり知識資本主義の時代に一番大事なことは、新しい知的な価値を国力の源泉にしなければいけないという国民の認識です。日本がグローバルな価値創造の連鎖の中で、果たして主導的な役割を発揮できるか。他国がつくった価値に追従しているのではないか。もっと世界に通じる価値をつくる工程の中で主導的な役割を果たしていかなければいけない。

そのためには、若者、女性、外国人を指導者として登用しなければいけない。若者たちをレイバー（労働力）ではなくてリーダーとして活用することが必要です。女性、外国人も決して、少子高齢化による労働力の不足を補うために活用するのではなく、むしろ価値観の転換を図るために不可欠であるということです。若者、女性、外国人を指導者として登用することは多様な価値観の確保の意味で非常に大事です。

もう一点、先ほどイノベーションの問題が出ております。今言った人たちが未来社会をデザインしていきますが、その実現に向けて具体的な道筋をつけるということは必ずしも容易でない。公的資金に支えられている大学、研究機関の科学研究には、中立性と公開性が求められている。他方、民間資金による産業経済活動には、知的財産の独占、発明技術の秘匿や不正流出対処も必要になるわけです。オープン・イノベーションの時代にこの相反条件をどうやって擦り合わせていくか。国を率いる先生方に、うまく制度設計をしていただきたい。なぜわが国の産業界がインハウスでイノベーションをやってきたか。いまやこれでは成り立たないことが明白な中で、いま一歩踏み出せない状況にあると思います。わが国には優れた科学も技術もある。世界を見渡しながら、国益の確保に向けたイノベーションの法的な仕組みをしっかりとつくっていただきたいと思っております。

山下　確かに今、日本の最先端の研究開発力と、きちんとした産業界での実用化、これは必ずしも結びついてないというのは痛感していたところです。日本の研究者というのは非常に優秀で、その発明の成果を出すのだけれども、それが産業化ということになると、たとえばアメリカやイスラエルなど、ほかの国が製品化するというようなことが非常に多いと聞いています。もし大学発の研究開発がしっかりと権利化されて、それが産業化されて、その結果、その大学とか研究機関に資金が来ることによって、さらに多くの研究者やリサーチ・アドミニストレーター、スタッフを呼び込めるのなら裾野が広がるということになります。そこは今回の研究開発力強化法の改正が大きなきっかけになると思います。これを次のステップにどう結びつけていくかというのが次の課題だと思います。

渡海　私は少しひねくれているのかもしれないが、民間がイノベーションをやってきたと言うけれども、今は必ずしもそうではなくて、イノベーションをやってきた部分はあるけれども、その力が実はわが国の企業からなくなってきている。そこの危機感を国家としてどう捉えて、どうやっていくか。そこで結局、国立研究開発法人の役割が非常に大きくなってくるという捉え方をしています。

それにしても、組織を動かすのはみんな人ですから、それをどのように育てていくかというのは非常に大きな問題だと思います。そこでは、大学の改革から始まって、今、野依先生からご指摘いただいた若者、そして女性、外国人、秩序を重んじる日本の社会の文化が邪魔している部分が非常にあると思いますね。

渡海紀三朗氏

アメリカという国は、非常にダイナミズムがあると私が思うのは、世界から人間が集まってきていますから、業績、成果、能力に着目する国なんですね。だから評価が大事だと。その文化をわが国でしっかりとまずつくり上げることによって、優秀な人材が活躍できる場所をその評価によって提供していくということが大事なのではないか。

それともう一点は、スピーディーにグローバルな社会に対応していく段階で、合議体である総合科学技術・イノベーション会議が果たして司令塔になり得るのかということは、正直疑問を持っています。もう少しダイナミックに対応で

小松裕氏

きるような司令塔機能というのが必要なのではないかというのが、今一番考えていることです。

野依　人材の観点で申しますと、先ほど私、個人戦から団体戦へ、ソロからオーケストラへと言いましたが、そこで一番大事なことは、チームをつくるということです。グループとチームは違うんです。グループというのは一つの群れ、ないし集団で、人数、量的な考え方が支配的です。一般には同質の人の集団の傾向が強い。

一方、チーム、すなわち組、組織には目的がある。その達成のために違った機能のものを集約する。野球チームには試合に勝つという明確な目的があり、そのために、それぞれに違った機能を持つ選手を集めて編成します。投手、野手、打者、走者などの特性が整合したときに良いチームとなる。日本人は民族的に均一性が高いので、あらゆる面でグループ感覚が強い。たくさんの人数を集めればいいんだとしていた。同質文化は心地よく安心だが、これからの科学技術イノベーションには違った価値観、能力を持つ人をうまく集めて、目的を達成するためのチームをつくることが絶対必要です。

小松　評価に関しては、当然目利きがいたりとか、コーディネーターがいて、その中では、たとえば、送りバントする人も評価してもらえると思うのです。ただ、これから先は社会全体、研究界全体がそういう見る目にならないと、新しい研究開発法人だけがそうなっても、たぶんうまくいかない。ですから、たとえば教授選考に関してもそういった評価の視点が盛り込まれるなど、全体がそうならないといけない。そこが一番大事なところではないかなと思います。

古川　考えてみると、今まで日本の大学とか、研究開発法人もそうですけれども、研究組織の内部でグループ化していました。一つの組織でチームをつくるとともに、オールジャパンの体制を組むのであれば、それなりに熾烈《しれつ》な国内の大学間などの競争も考える必要があります。もし、それぞれの特色を生かした、そして総合的に日本のある分野を活性化していくのであれば、そこには相当の指揮がいると思うのです。そこを誰がやっていくのか。あるいは総合科学技術・イノベーション会議にそれが求められるのかどうか、その辺は今後しっかり考えるべきだと思うのです。研究者仲間では、普段から私的なコンタクトがありますから、いま山中先生が頑張っておられるし、そのほか神経なら慶應大学とか、いろいろな分野があるわけです。プロデューサーがそこをうまくコーディネートできるかというと、また違った指揮の能力が要るのではないかと思うのですね。

小坂　やっぱり監督が必要なんだと思います。グループとチームの違いというのは非常によくわかるのですが、チームというのは、それぞれの特徴のある人をお互いに認め合うということがまずなければいけない。グループだったら、グループの中の一員というのは、自分は自分の役割だけ果たせばいいんだといって象牙の塔にこもっていても、それなりの評価は受けるかもしれない。でもチームの一員というのは、ほかの人の存在を認めながら、自分の役割がほかの人にどういう影響を与えるかということを常に考えながら、それをコーディネートする監督のような人たちと常にコミュニケーションを図りながら、チーム全体としてバランスよく一つのターゲットに向かって、いかに最速に、いかに効率よく目的を達成するかということを考えなければいけない。一つのチームというのは、今までは大学なら大学の中でだけ、独法なら独法の中だけのチームというのは考えられたかもしれないが、先ほど野依先生がおっしゃられたように、国際的なチームワークというものが必要だ。だから、今までのように国内だけを見ているのではなくて、海外での動向を常にウオッチする人が、監督として、あるいは科学技術顧問という立場でいて、そして国全体、海外とも連携を図りながら国際的なチームを組み立てられるという形が必要だ。

それに対して、今回の強化法が十分に対応しているかというと、国内的な部分はかなり改善できたと思う。しかし、国際的な部分は、最初にも言ったけれども、やはり国のあり方として、日本の風土というものを変えていかなければいけない。研究開発の考え方が、自分たちの周りだけでなくて全体的なものを見なければならない。だから、バントを打って評価を受けるかもしれないけれども、それだけではなくて、ほかの人の存在も認めながら、そして海外での動向を常にウオッチして、その中で欠けているもの、そのすき間、ニッチをどこに埋めていくのかということを考えられる、そういう人材の育成も同時に必要です。法律だけで解決できる問題ではないということですね。

国の役割と司令塔機能の強化

大塚　今回の法律では、リサーチ・アドミニストレーターや目利き人材など、さまざまな現場でチームの一員を担うべき人材を養成しなければいけないというところに光を当てることはできたと思いますが、実際にどのように運用されていくかが今後の課題です。日本では、四番バッターにばかり焦点が当たっていて、国の予算も四番バッターにばかりついている。間接経費が弱いというのは、そういうことの裏返しではないかという気がするわけです。各チームが、一番バッターもショートを守る人もピッチャーもみんないるというチームになるように人材を育成していく。だが、それを国全体の問題と捉えたときに、国全体をコーディネートする人材がいない。それがおそらく渡海先生が取

大塚拓氏

り組んでおられた司令塔機能の強化という議論につながっていくのではないかと思います。

野依　巨人軍は原監督で二〇一四年のリーグ優勝を果たしましたね。試合でうまく采配した結果です。しかし、事業性を求めるプロ野球で、さらに大事なことは、球団運営を統括するバックオフィス、フロントオフィスですね。これがないと、試合に勝つだけでは外に売れないのです。集客だけでなく放映権まで販売営業しなければいけないわけです。もちろん良い四番バッターもピッチャーも名監督も要ります。だけど、それを統括し、見える形にプロデュースし、広い社会へ売っていくジェネラルマネジャーが必要なわけです。球界を束ねる司令塔としてのコミッショナーも大切かもしれない。アメリカのメジャーリーグは、世界中の放映権を通じて高度な技量を見せるというビジネスモデルを確立している。科学技術イノベーションにもいろいろな階層があると思うのですが、ボトムアップだけではもちろん不十分、しかしトップダウンだけでも不十分。産学官が本当に整合することによって、はじめて日本がつくった、創造した価値が世界に広がっていくわけです。だから、たとえばｉＰａｄはアメリカだけで売れればいいのではなくて、日本、中国やあらゆる国で売れる。そういうところまでいって、国富が生まれる時代です。

伊藤　私もエンジニア出身なんですけれども、日本人の気質に由来しているところも多分にあると思っています。日本人はどちらかという職人気質で、自分の専門分野に集中して、一点をずっと探求するのは得意なんですけれども、そのときに周りを見ていろいろ仲間をつくっていくという動きが、これまではなかなかできなかったのではないでしょうか。ですから、一人ひとりの潜在能力は極めて高いと思うので、それをつなぐコーディネーターの存在というのがいろいろな階層で必要になってくるだろうなと思います。

野依　日本人は美しい自然に恵まれた国に育ち、非常に緻密で繊細な感性を持っている。優れた「虫の目」を持っているんですね。しかし、これからの若い人たちというのは、世界を俯瞰《ふかん》するような「鳥の目」を持たなければいけない。虫の目も大事ですが、同時に鳥の目を持たなければいけない。

これは日本とイギリスの違いです。両方とも海に浮かぶ小さな国です。日本は自らを島国と言うのですけれども、イギリスは自分の国を海洋国家だと言い、視点がずいぶん違います。だから、日本は島国だけれども、同時に海洋国家であって、自らあらゆるところとつながりを持ち得るというような観点も必要です。個人についても、虫の目も必要だけれども、鳥の目も持たなければいけない。

渡海　たぶん歴史的な国家の成り立ちか、それから近代国家になっていく段階でのさまざまな問題が影響しているのでしょうね。

一つ心配なのは、最近、学生が海外へあまり出ていかない。これは、若者が将来日本を背負うときに、いま野依先生が言われたような鳥の目を養う機会を自ら放棄しているみたいな話で、非常に心配なんですね。だから、その辺もちょっと問題点として、考えていかなければいけないですね。

大塚　一人の研究者のスキルセットの中でも、攻めの部分と守りの部分があると思うのですが、残念ながら今回、法改正でプログラムした内容を実施に移していく最中に、ＳＴＡＰ問題が出てきてしまった。研究開発力強化法をつくっていく中でも、不正対策をこの法律に盛り込もうかどうしようかという議論もあったのですが、とにかくまず、今、日本が危機的な状況にあることに鑑みて、強化のほうに特化してやろうということで、不正については次のステップで対策をとっていこうとしている中でこういう事案が起きてしまった。

野依　いろいろな社会的な背景がありますが、世界的に研究不正の問題というのは深刻な状況にあります。理研においてもＳＴＡＰ細胞事案がありまして、科学社会に対する信頼性を損なったことを大変申し訳ないと思っております。

研究倫理とは何か。これは一般的な道義、道徳、モラルではなくて、研究社会において定められた、いわば職業的な規律なんです。英語ではethical standard。分野や学会によって取り決めが違います。研究不正というのは、これからの逸脱を指します。私たちは、不正防止あるいは信頼性ある実験データの記録、管理等さまざまなシステムを導入し、また、不正防止のツールを提供したり、法令、規定の遵守を指示したり、違反に対しては厳しい処罰をすることにしています。しかし、いずれも科学研究の健全性維持に向けた補完的な方策にすぎず、あくまで研究者たちの倫理向上というのが本質であって、このための教育、研修を徹底しなくてはいけない。

ただ基本は、研究者たちを締めつけて萎縮させるのではなくて、むしろ自由闊達に安心して研究ができる環境をつくっていく、そのための工夫をすることが所の責任者としての一番大事な仕事だと思います。

今はグローバル時代で、さまざまな教育背景、文化背景を持った人が集まっており、科学研究に対する考え方、価値観というのはみんな違います。今回もそういうことで起こった側面もあります。ですから、研究所、あるいは大学として改めて、倫理教育というのは徹底していかなければいけない。

古川　この問題は、日本でもＳＴＡＰ細胞事件だけではなくて、いろいろな所で起こっていますけれども、実は分野でいうと、多くがライフサイエンスなんですね。ライフサイエンスについては、昔から国際的にもいろいろな不正が取り沙汰されていて、特に他の分野と著しく違うのは、論文に書かれた現象を客観的に検証しにくくて、中でやられてしまうとわからないというところがあるのです。また、ライフサイエンスの研究をしていて思うのですけれども、論文というものが評価の主要な対象になってしまい、それで自分の研究者としてのポジションが決まってきてしまう。論文を書き続けていれば、それが実用化されることがなくても、ずっと安泰でいられる構造がある。このシステムに、安易な不正に向かっていく温床があると思っています。もちろん最初から、研究者である以上は実現しないことをやっても意味がないということをまず教え込むことは絶対必要なのですけれども、それと同時に、たとえ良い論文が書けなくても一定の評価がされる、ネガティブ・データを評価していくという文化を、特にライフサイエンスの場合はそこに配慮していただきたいと思っています。どうしても、次のポジションをどうしようとか、研究費がないとか、一定期間に求められる業績は出さなければいけないとか、そういうプレッシャーがかかってくる中で、特にライフサイエンスは特殊な環境に置かれているということは間違いないと思います。

野依　私は、やはり最初の先生が一番大事だろうと思います。家庭における親による子どものしつけの大切さと同じで、卒業研究や学位論文研究のやり方で大体七割、八割方決まるんですね。指導教官がさまざまですから、しつけが不十分だと、違う研究機関に行ったときに改めて教育し直さなければいけない、こんなことがあるのではないかと思います。

小松　古川先生の論文評価の話、全くそのとおりだと思いますが、論文は英語で書いたものが評価されますから、英語力も大きなポイントになります。自分がはじめて英語の論文を書いたときは、一〇〇近く論文を読んで、なるほどこういう表現の仕方するのかと思い、まねをしながら書きました。これはどなたも経験があると思うんですね。

先ほどチームプレーということがありましたけれども、今、研究者は「英語力」と「書く力」がないと個人の評価がされない。そこもチームプレーとして英語論文を書くというのも大事だと思う。たとえば病院でも、世界的な企業の病院がありますが、そこのドクターは抄録を書いたり論文を書くときに、日本語で書いたら会社で英語論文に訳してくれるそうです。そういうシステムは大学にはない。一人ですべてやらなければいけない。こういったこともチームプレーとして考えていかないといけないのかなと思います。

大塚　確かに今回のケースを見ていると、コピペなど、英語力が不十分であることを背景に発生したのではないかと思われる部分もあるような気がするんですね。ただ、それはそれで、引用するにしても参考にするにしても、「こういう使い方をするとアウトだよ」という教育がしっかりなされていなかったのではないかと思わざるを得ないですね。

アメリカの大学なんかに行くと、実例を見せられて、不正と認定されアウトになった文章そのものや、不正に手を染めた人の経歴、顔写真まで含めて、教育の中でたたき込まれる。「こういうやり方をすると大変なことになってしまうよ」ということが実例をもってわかる。こういう教育が日本では欠けていたのかもしれない。

山下　私は検事をやっていて不正を暴くことを生業としておったのですけれども、今回の問題はやはり違うというか、要するに特定人とか特定組織を攻撃することは控えたほうがいいと思います。科学者は、人類の発展に資するということを使命感としてやってきた。そのためには再現性がないとだめですから、自分がやった研究というのは徹底的に世界中から再現性をチェックされるんだと、そしてそれに耐えられるものをやらなければいけないのだということをしっかり確立して、それでまた次のステップに向かっていくということが一日も早く必要なのではないかと思います。

そのために、関係者についてはきちんとそれなりの倫理的あるいは社会的、法的責任を取ってもらうということも必要なのかもしれませんが、どうも新聞の社会面的に取り上げられているような部分が多いような気もしますので、そこはちゃんと科学的な責任と社会的責任と切り分けてやるべきではないかなと思っています。

大野　私もこの問題について国が何をできるのかということをずっと考えていて、先生方のお話にすごく共感するのですけど、一方で科学技術イノベーション調査会で私も申し上げてきたことで、要するに、先ほどの議論にも共通する話ですが、こういう問題が起きたときに、いろいろな新たな規制を、あるいは教育をしなくてはダメだとかいう話が出てくる。いろいろあって、確かに教育をしないといけない、これは全く共感するのですけれども、いろいろな細かい規制なり規則なりをたくさんつくり過ぎて、研究者を縛り過ぎることになるとしたら、いかがなものかとずっと思っているのです。

とにかく国の研究機関というのは、民間ではできない〇から一を生むこと、少なくとも一から一〇〇ぐらいを生むことが仕事です。つまり発明というか、基礎に近い研究ですね。民間はどちらかというと、一〇〇から一〇〇〇、一万ぐらいの製造と販売というレンジを今まで担ってきて、国際的に見れば、それを近隣諸国にどんどん取られているような環境ですから、だからこそ、〇から一とは言わないけれども、一から一〇〇ぐらいをやっていかないといけない。

それをどうやるのかといったら、究極的にひと言で言えば、金は出すけれども口は出さない、こういう体制です。そのリスクを国が取るということでないといけないと思うんです。こういった不正の問題も、結局は細かい規制や規則という入り口の戦略よりも出口の戦略が重要だと思います。要するに、不正をしないようなルールづくりも必要ですが、「不正をしたら罰則がありますよ」と示すことです。たとえば、「あなたたちの国立研究機関で何か問題があったら、国立研究機関の認定も外すかもしれないですよ」と示すだけで、あとはガバナンスは全部お任せして、何も口を出さない。そうなったら、そんなことが起きないように一生懸命内部の統制をするはずです。性善説かもしれないけれども、そっちの方向に舵を切っていかないといけない。日本が持っている強みというのは一〇〇から一万ぐらいのレンジですから、それを一から一〇〇ぐらいのレンジに持ってこないと、もう生きていけないという危機感があるんですね。そこに持っていくためには、国立研究機関というのはものすごく重要で、そこが機能するためには、さっき申し上げたようなことをやらないと、どう考えたって難しいと私は思っています。

特定国立研究開発法人制度への展望

大塚　まさに研究開発というものの特性を踏まえた自由度の高い経営ができる、そういうガバナンスの仕組みを整備することが本質的に大事なのだ、ということが今回の独法通則法からの脱却ということの主眼であったわけです。

しかし、特定国立研究開発法人の制度はきょう現在、足踏み状態になってしまっています。そこで、今後の展望ということについてお聞きしたいと思います。

塩谷　基本的にわが国の研究者というのは大変優秀だし、また産業界も頑張って今日まで来たわけで、それをもっと国としてどう進めるかというのがわれわれの考え方であって、科学技術基本法をつくって、その計画の下にずっとやってきたのですが、なかなか経済も厳しい。一方で、世界はどんどん進んでいるという状況の中で、国としての方向性を持って、司令塔機能もしっかり体制を整えて、そういう中で今回の法律がつくられたと私は理解しています。

塩谷立氏

最初に野依先生がおっしゃった、科学技術に対する、研究開発に対する国民の信頼性というのを高めることが必要です。これは人類に貢献する、国の発展に貢献する、それには科学技術が大事だということをもっともっと高めていくことが必要で、そのために、国の司令塔機能として研究開発法人なり、また総合科学技術・イノベーション会議とか、こういったものがどう機能するかということだと思うんですね。

たとえば、最近火山が噴火した。日本の場合、火山の研究者がまことに少ない。ところがアメリカなんかは相当な数がいて、日本は頻繁に起こらないとなかなかそこへ金が投資できない。そうではなくて、研究開発の対象として必要なことはもっとやっていけるような余裕を持った研究開発も必要だし、それが国の役割だろうし、そういう中で研究者が自由な研究をしていく、そういうことの体制をいかに整えるかということが必要なので、科学技術に対する国民の評価というものが高くなれば、四番バッターだけでなくて、科学技術を、あるいは一つの研究開発をするためにいろいろな人が関わっているんだと。最近は、だいぶそういうことが言われてきたので、リサーチ・アドミニストレーター、それからPMとかいろいろな立場の人が一緒になってやるチームというのがまさに評価されるということになるだろうし、本来のあり方というのは、金は出すけど口は出さない的な、そこができるような科学技術、研究開発に対する信頼をわれわれは勝ち得ていかなければならない。

今回非常に大きな一歩だと思いますので、そこを具体的にどう進めるかというのをぜひ今後も、まずは特定国立研究開発法人を来年の通常国会でしっかりと法制化して、野依先生に改めてまた頑張っていただきたいし、そういう方向でわれわれも政治ができることを進めることが必要だなと思っています。

野依　おっしゃるとおりだと思います。やはり科学技術に対する信頼が一番大事だと考えています。信頼を勝ち得ることで、若い人を鼓舞し、一番いい人が科学技術に自然と集まるような、そういう社会をつくっていかなければいけないのではないかと思いますね。

小坂　わが国を最もイノベーションの起こりやすい国にするという目標があるとすれば、オリンピックの中で選手強化には特別強化選手というのが必要なんですね。今回、われわれは本当は、次に来るべき国立研究開発法人の枠組みを全部にチャンスとして与えたいというのが基本的にあったんですね。ところが、それでは予算的にも、またいままでないことをやるということに対しての伝統的な抵抗というものがあり、まずモデルをつくっていく、あるいはトップランナーをつくって、それを走らせて、それをフォローする、そういうことがあって特定国立研究開発法人という形で生み出そうということにしたわけですから、まず何としても次の通常国会では確実に行けるようにしていかないといけない。

そのための基本が、今皆さんがおっしゃった信頼の回復。そして研究倫理という言葉で象徴されるように、研究開発というのは、真理の探究、人類の発展への貢献ということで言えば、そういう目標に向かってなされるべきであって、その成果は人類発展のために供与されるべきもので、再現性という言葉で象徴されましたけれども、誰が見てもそれを使える、そしてそれを人類の発展のために駆使して次なる人類の世界を描き出す、そこには国際協力、国の枠というものは取り払われて、先ほど感染症や何かの例を野依先生から指摘していただいたけれども、そういった国籍を問わない研究というものに対して日本がリーダーシップを発揮できる、そういう国になるべきということからすれば、繰り返して申し上げるが、「特定国立研究開発法人をみんなで頑張って生み出しましょう」ということですね。

古川　やはり最後は人材だと思うんですよ。日本でまず初等教育から研究開発に向いた、そういう心を持った子どもたちを育てたいというのがありますし、ただグローバル化してきて、競争社会ですから、そういうことを言うと、日本の国立研究開発法人も世界と同じように、まずは同じレベルの給与が払える体制でなければいけないと思いますし、同時に、給与だけでなくて研究環境の良さというのも海外から人材を引きつけることになるので、そこで競争できる体制、まずは特定国立研究開発法人でそれを実現して、そして一般の国立研究開発法人もそれに倣って国際的に人材獲得に勝利するためには、それだけの自由度がある、必要なんだということを言っていけるようにしたいですね。

渡海　かなり頑張ってやらないと、ＩＴＥＲ（国際熱核融合実験炉）のときに肌で感じたんだけれども、要は、もともと日本というのは有利な環境にあると考えないことですよ。家族まで連れてきて生活をするということから考えると、欧米から考えると、むしろハンディを背負って戦っていかなければいけないところがあるわけですよ。その中で理化学研究所は本当にたくさん外国人を雇用して、よくやっている、頑張っているほうだと思います。奥さんの職業から何から何までいろいろ考えると、子どもの問題ものすごく障壁になっているし。だから、かなり気合いを入れて国家が研究開発に対しててこ入れをしないと、グローバルな競争で勝ち抜けないという危機感をみんなで共有をして、われわれは政治をやっているわけですから、われわれの仲間の中でもそういう共有感を増やしていくことが大事だと思います。

野依　一〇月に、京都で尾身幸次先生主導のＳＴＳフォーラムがありました。そこでの一番大きな話題は、現代の人類文明が危機にあるという認識でした。いかなる国も一国では解決、軽減はできないので、全世界が協力して貢献しなければいけない。安倍総理もそれにコミットするということを演説されました。その観点は非常に大事であって、日本は世界の科学技術において主要なプレーヤーであるわけで、それは避けて通れません。私は常々、日本は競争力とともに国際的な協調力を養っていくべきと申し上げております。今後の産業経済も、文明存続の方向にあるのではないかと思います。このことを全国民が認識する、そして若者たちがこの方向で力を揮《ふる》うことができる環境をつくっていくことで、未来を担う人材が育っていくと思っています。

大塚　そろそろお時間がまいりました。本日は、皆さまにはお忙しい中、ご参集いただき、貴重なご意見を頂戴いたしました。本当にありがとうございました。

第二章　高まる研究開発システム一層強化の要請

第一節　さらなるイノベーション創出のための研究開発システム改革の必要性

平成二四年一二月、経済再生を最大の課題に掲げる第二次安倍政権が発足した。新産業や新たな雇用の創出につながるイノベーションの実現は、我が国の経済再生における鍵である。

これまでも、研究開発システム改革の推進等による研究開発能力の強化等を行い、それにより、我が国における科学技術の水準の向上とイノベーションの創出を図ることを基本理念として、平成二〇年には自公民の超党派の議員により「研究開発システムの改革の推進等による研究開発能力の強化及び研究開発等の効率的推進等に関する法律」（以下「研究開発力強化法」という）が制定された。

しかしながら、その後、五年が経過しようとしている段階においてもなお、日本は欧米中韓などに比べて研究開発投資額の伸びが低い（二〇〇〇年度を一〇〇とした場合の指数は、欧（ＥＵ一五）一六二、米 一四五、中 七二二、韓 二五四、日本 一〇九）、研究支援職が未確立であり、研究者一人当たりの研究支援者数が主要国と比べて低水準である（中 一・一一人、独 〇・六八人、仏 〇・六七人、英 〇・三六人、韓 〇・二七人、日本〇・二五人）、不確実性の高いハイリスク研究等に中長期的視野で取り組むなど、民間企業では担うことが困難な基礎基盤研究等の実施を責務とする研究開発法人が、事務・事業を効率的かつ効果的に行わせることを主目的とする「独立行政法人通則法」（平成十一年法律第百三号。平成二七年四月一日施行。以下「通則法」という）の適用を受けているなど、研究開発投資やシステム整備等が十分になされているとは言い難い状況にある。

これらの問題認識の下、安倍総理の提唱する「世界で最もイノベーションに適した国」を実現するための方策として、自民党の「科学技術・イノベーション戦略調査会」により、「我が国の研究開発力強化に関する提言（中間報告）」が平成二五年五月一四日に取りまとめられ、さらなるイノベーション創出のために必要な研究開発システム改革についての構想が具体化されていった。

第二節　労働契約法の改正（平成二四年）への対応の必要性

平成二五年四月一日より全面施行された「労働契約法の一部を改正する法律」（平成二十四年法律第五十六号）は、期間の定めのある労働契約（以下「有期労働契約」という）の反復更新の下で生じる雇い止めに対する不安を解消し、労働者が安心して働き続けることができるよう、有期労働契約の適正な利用のためのルールを整備するものであった。具体的には、改正後の労働契約法第十八条により、有期労働契約が繰り返し更新されて通算五年を超えたときは、労働者の申し込みにより、期間の定めのない労働契約（以下「無期労働契約」という）に転換できるというルールなどを定めるものであった。

研究開発法人や大学等においても、この改正に対応した人事労務の管理・運用を始めたところであるが、他方で、民間企業では担うことが困難な基礎基盤研究等の実施を責務とする研究開発法人や大学等においては、通常、プロジェクトベースの研究は有期プロジェクトであるために、そこで雇用される研究者などは一定期間における雇用を前提としており、プロジェクト期間が五年を超えるものも一定程度存在する等の実態があること、また、使用者において五年までの間に、無期労働契約に転換するか否かの判断が困難な場合があることから人事労務管理に課題が生じており、その結果、プロジェクト途中での離職につながり、研究開発法人や大学等の研究開発プロジェクトに必要な人材を必要な期間確保することが困難となっていること、さらに、プロジェクトへの長期的な参画等を通じて研究者などが業績をあげ、その能力の一層の向上を図ることが困難となっていることなどの問題が顕在化した。

このため、特に、研究開発法人や大学等の研究者などについて、労働契約法第十八条の趣旨を踏まえると同時に、研究開発法人や大学等の特性を一層考慮し、研究開発能力の強化等の観点から、さらに適切な有期労働契約に関するルールを策定することが喫緊の課題となったところである。

第三章　研究開発力強化法改正の経緯

第一節　科学技術・イノベーション戦略調査会における検討

第二章で述べた問題意識の下、平成二五年一月二九日、自民党の科学技術・イノベーション戦略調査会（塩谷立会長、古川俊治事務局長）に研究開発力強化小委員会（小坂憲次委員長、大塚拓事務局長）が設置され、我が国の研究開発力を一層強化する観点から、研究人材の育成・獲得、研究環境の整備等、世界最高水準の研究開発法人制度等について検討が開始された。その後、同小委員会においては、精力的に研究開発法人や大学、その他の関係者からのヒアリングを行いながら議論を重ね、同年五月一四日には、同調査会において、「我が国の研究開発力強化に関する提言（中間報告）」が取りまとめられた。その概要は、以下のとおりである。

1　研究人材関係

提言１　革新的研究を行う優秀な研究者を育成する

（1）大学院生への経済的支援

（2）魅力あるポストの創設、理数教育の充実
（3）改正労働契約法への対応
（4）リサーチアドミニストレーター制度の確立
（5）「目利き」人材の育成

提言2　わが国を頭脳循環に組み込み世界から優れた研究者を集める
（1）年俸制導入等による公務員並びの年功序列的な給与体系の改革
（2）競争的資金を含む外部資金による研究者等の処遇向上

2　研究基盤関係

提言3　世界最高水準の研究環境を整備する
（1）大学への投資の充実
（2）運営費交付金一律削減の見直し
（3）間接経費の充実
（4）寄附税制の拡充

提言4　革新的成果を生む研究活動を促進する
（1）ハイリスク研究の推進

（2）国際水準を踏まえた評価指針
（3）研究評価についての専門人材の育成
（4）知財、標準化戦略の強化

3　制度関係

提言5　世界最高水準の法人運営を可能とする制度を創設する
（1）調達方法の改善
（2）イノベーションを促進する自己収入の扱いの見直し
（3）中期目標期間を超える予算繰り越しの柔軟化
（4）目標期間の柔軟化
（5）新たな研究開発法人制度の創設

第二節　自民党における検討と与党による立法へ

①　研究開発力強化法改正検討チームの立ち上げ

自民党の科学技術・イノベーション戦略調査会において「我が国の研究開発力強化に関する提言（中間報告）」が取りまとめられたことを受け、その内容を軸としつつ、実現可能なものから可能な限り早期に実現する観点から、具体的な法案の検討を行うために、研究開発力強化小委員会の下に研究開発力強化法改正検討チーム（塩谷立科学技術・イノベーション戦略調査会長、渡海紀三朗司令塔機能強化小委員長、小坂憲次研究開発力強化小委員長、後藤茂之顧問、古川俊治顧問、大塚拓主査、大野敬太郎議員、小松裕議員、宮崎謙介議員、山下貴司議員）を設置し、平成二五年九月一八日の第一回検討会以降、労働契約法の特例に関する高等教育関係者からのヒアリングや京都大学iPS細胞研究所における意見交換、研究開発法人への出資業務追加に関する関係者ヒアリング等を含め、本格的な検討が集中的に行われることとなった。

②　法改正検討チームにおける検討

法改正検討チームにおいては、まず、「我が国の研究開発力強化に関する提言（中間報告）」の中から、法的な措置を必要とする事項を精査した。

研究開発法人が行う出資業務規定の追加については、ベンチャーキャピタルとして先駆的な取り組みを行っている民間企業からヒアリングを行って、研究開発に関する出資業務の在り方について検討した。また、研究開発法人の業務に出資業務を追加することを希望する省庁からヒアリングを行って、当該省庁の研究開発法人が出資業務を行うことがふさわしいと考える理由等を確認した。

労働契約法の特例については、国立大学協会、公立大学協会、日本私立大学団体連合会から、それぞれヒアリングを行って、いずれの大学団体からも、特例に対する要望があることを確認した。

また、法改正検討チームは、京都大学iPS細胞研究所（CiRA）に訪問して、松本紘京都大学総長や、山中伸弥所長、CiRAにおいて勤務する研究者、研究支援者と面談して、労働契約法の特例や大学が抱える問題につ

京都大学 iPS 細胞研究所訪問での一コマ。写真左から、山中伸弥 iPS 細胞研究所所長、松本紘京都大学総長。(平成 25 年 10 月 7 日撮影)

席上での法改正検討チーム。写真左から、小坂憲次議員、古川俊治議員、大塚拓議員、山下貴司議員。ほかに、大野敬太郎議員、小松裕議員が参加。

いて意見交換を行った。

③　研究開発力強化法改正条文の与党合意に向けて

その他の研究開発の現場における問題点も含めて、細心の注意を払いつつも、国際競争に打ち勝つ研究開発力強化のための法的措置について検討した結果、研究開発力強化法の主な改正内容として次の九項目がまとめられた。

（1）労働契約法の特例（無期労働契約に転換する期間（五年間）の延長等）
（2）研究開発法人の行う出資業務等
（3）研究開発の国際水準を踏まえた専門的評価
（4）研究の実態に合わせた調達
（5）新たな研究開発法人制度の創設
（6）イノベーション人材の育成
（7）リサーチアドミニストレーター制度の確立
（8）研究評価や「目利き」についての専門人材の育成
（9）国の安全に係る研究開発やハイリスク研究への必要な資源配分

この九項目について、研究開発力強化法改正検討チームにおいて条文化の検討、内閣官房行政改革推進事務局等関係部局との調整が行われ、自由民主党政務調査会において、内閣部会、文部科学部会、厚生労働部会、科学技術・

自由民主党政務調査会 内閣部会、文部科学部会、厚生労働部会、科学技術・イノベーション戦略調査会 合同会議における一コマ。写真右から、大塚拓議員、古川俊治議員、小坂憲次議員、佐藤ゆかり議員（内閣部会長）、塩谷立議員（科学技術・イノベーション戦略調査会会長）、丹羽秀樹議員（文部科学部会長）、丸川珠代議員（厚生労働部会）、下村博文文部科学大臣、山本一太内閣府特命担当大臣（科学技術政策担当）。（平成 25 年 10 月 31 日撮影）

イノベーション戦略調査会の合同会議を開催し、研究開発力強化法等の改正条文案について了承された。

また、自由民主党からの提案を受けて、同党と連立与党を組む公明党においても、科学技術委員会と関係部会の合同会議を開催して、法案審議を進めた。

その後、改正法案は、自民党の塩谷立議員、渡海紀三朗議員、大塚拓議員および公明党の斉藤鉄夫議員、伊藤渉議員を提出者として、自民党および公明党から計八〇名の賛成者を得て、平成二五年一一月二七日に国会に提出された。

小坂憲次議員

④　国会における審議

本法案は、衆議院文部科学委員会による審議（平成二五年一一月二九日）を得て平成二五年一二月三日に衆議院本会議で賛成多数により可決

渡海紀三朗議員

塩谷立議員

伊藤渉議員

大塚拓議員

され、参議院文教科学委員会による審議（同年一二月五日）を経て同年一二月五日に参議院本会議で可決・成立となった。（同年一二月一三日公布）

改正法の要綱は次のとおりである。

第１　研究開発システムの改革の推進等による研究開発能力の強化及び研究開発等の効率的推進等に関する法律の一部改正

１　人材の確保等の支援

（第十条の二及び第十条の三関係）

国は、研究開発等に係る企画立案、資金の確保並びに知的財産権の取得及び活用その他の研究開発等に係る運営及び管理に係る業務（２において「企画立案等の業務」という）に関し、専門的な知識及び能力を有する人材の確保その他の取組を支援するために必要な施策を講ずるとともに、イノベーションの創出に必要な能力を有する人材の育成を支援するために必要な施策を講ずるものとすること。

2　労働契約法の特例　（第十五条の二関係）

①から④までに掲げる者がそれぞれの有期労働契約を期間の定めのない労働契約に転換させるための申込みを行うために二以上の有期労働契約の契約期間を通算した期間（第2において「通算契約期間」という）が五年を超えることが必要とされていることについて労働契約法の特例を定め、十年を超えることが必要であるとすること。（※）

① 科学技術に関する研究者又は技術者であって研究開発法人又は大学等を設置する者との間で有期労働契約を締結したもの

② 研究開発等に係る企画立案等の業務（専門的な知識及び能力を必要とするものに限る。④において同じ）に従事する者であって研究開発法人又は大学等を設置する者との間で有期労働契約を締結したもの

③ 試験研究機関等、研究開発法人及び大学等以外の者が試験研究機関等、研究開発法人又は大学等との契約により共同して行う研究開発等（④において「共同研究開発等」という）の業務に専ら従事する科学技術に関する研究者又は技術者であって有期労働契約を締結したもの

④ 共同研究開発等に係る企画立案等の業務に専ら従事する者であって有期労働契約を締結したもの

※本改正項目においては、人文科学のみに係る科学技術を含む取り扱いとする。

3　我が国及び国民の安全に係る研究開発等に対する必要な資源の配分等　（第二十八条関係）

(1)　国は、我が国及び国民の安全に係る研究開発等及び成果を収めることが困難であっても成果の実用化により極めて重要なイノベーションの創出をもたらす可能性のある革新的な研究開発に必要な資源の配分を行うものとすること。

(2)　国は、我が国及び国民の安全の基盤をなす科学技術については、科学技術の振興に必要な資源の安定的な配分を行うよう配慮しなければならないこと。

4　迅速かつ効果的な物品及び役務の調達　（第三十二条の二関係）

国は、研究開発法人及び大学等が研究開発等の特性を踏まえて迅速かつ効果的に物品及び役務の調達を行うことができるよう必要な措置を講ずるものとすること。

5　研究開発等の適切な評価等　（第三十四条関係）

(1)　国は、国の資金により行われる研究開発等について、国際的な水準を踏まえるとともに、新規性の程度、革新性の程度等を踏まえて適切な評価を行うものとすること。

(2)　国は、研究開発等の評価に関する高度な能力を有する人材の確保その他の取組を支援するために必要な施策を講ずるものとすること。

６　研究開発法人による出資等の業務　（第四十三条の二関係）

研究開発法人のうち、実用化及びこれによるイノベーションの創出を図ることが特に必要な研究開発の成果を保有するもの（※）は、当該研究開発法人の研究開発の成果を事業活動において活用しようとする者に対する出資並びに人的及び技術的援助の業務を行うことができること。

７　研究開発等を行う法人に関する新たな制度の創設　（第四十九条関係）

政府は、独立行政法人の制度及び組織の見直しの状況を踏まえつつ、研究開発等を行う法人が世界最高水準の研究開発を行って最大の成果を創出するための運営を行うことを可能とする新たな制度を創設するため、必要な法制上の措置を速やかに講ずるものとすること。

第２　大学の教員等の任期に関する法律の一部改正

大学の教員等がその有期労働契約を期間の定めのない労働契約に転換させるための申込みを行うために通算契約期間が五年を超えることが必要とされていることについて労働契約法の特例を定め、十年を超えることが必要であるとすること。

※科学技術振興機構、産業技術総合研究所、新エネルギー・産業技術総合開発機構

第3　施行期日等

1　施行期日　（附則第一条関係）

この法律は、公布の日から施行すること。ただし、第1の2及び6、第2並びに第3の3については、平成二六年四月一日から施行すること。

2　検討　（附則第二条及び第三条関係）

(1)　国は、この法律による改正後の法律の施行状況等を勘案して、第1の2の①から④までに掲げる者及び第2の教員等の雇用の在り方について検討を加え、その結果に基づいて必要な措置を講ずるものとすること。

(2)　第1の2の③及び④に掲げる者についての特例は、事業者において雇用される者のうち、研究開発能力の強化等の観点から特に限定して設けられたものであり、国は、その雇用の在り方について、期間の定めのない雇用形態を希望する者等がいることも踏まえ、研究者等の雇用の安定が図られることが研究環境の早期の改善に資するという観点から、研究者等が相互に競争しながら能力の向上を図ることの重要性にも十分配慮しつつ、検討を加え、その結果に基づいて必要な措置を講ずるものとすること。

(3)　国は、研究開発法人の業務の実施状況等を勘案し、研究開発法人が第1の6による出資並びに人的及び技術的援助の業務を行うことの適否について検討を加え、必要があると認めるときは、その結果に基づいて必要な措置を講ずるものとすること。

(4)　政府は、関係機関等が連携協力することが研究開発の成果の実用化及びこれによるイノベーションの創出に重要であることに鑑み、関係省庁相互間その他関係機関及び民間団体等の間の連携協力体制の整備について速やかに検討を加え、その結果に基づいて必要な措置を講ずるものとすること。

3　経過措置等　（附則第四条から第八条まで関係）

この法律の施行に関し必要な経過措置を定めるとともに、関係法律について所要の改正を行うこと。

改正法成立までの経緯

平成二五年

五月一四日　自民党　科学技術・イノベーション戦略調査会　研究開発力強化小委員会／親会
「我が国の研究開発力強化に関する提言（中間報告）」取りまとめ

八月　二日　自民党　科学技術・イノベーション戦略調査会
研究開発力強化法を改正するために、改正検討チームを設置

〈自民党 研究開発力強化小委員会 研究開発力強化法改正検討チームにおける検討〉

九月一八日　第１回　法定化する項目の検討
九月二五日　第２回　出資関係者からのヒアリング／条文審査
九月二七日　第３回　高等教育関係者からのヒアリング／条文審査

一〇月　三日　第4回　出資業務追加に関する各省ヒアリング1R／条文審査
一〇月　四日　第5回　条文審査
一〇月　七日　視　察　京都大学iPS細胞研究所、京都大学発ベンチャーとの意見交換
一〇月　八日　第6回　条文審査
一〇月一一日　第7回　出資業務追加に関する各省ヒアリング2R／条文審査
一〇月一六日　第8回　条文審査
一〇月一八日　科学技術・イノベーション戦略調査会研究開発力強化小委員会への報告
一〇月二二日　第9回　条文審査
一〇月二四日　第10回　出資について／条文審査／今後の進め方について
一〇月二五日　第11回　今後の進め方について／条文審査
一〇月二八日　第12回　今後の進め方について／条文審査
一一月一三日　第13回　今後の進め方について／条文審査（最終回）

〈公明党における検討〉

九月二五日　科学技術委員会、内閣部会、文部科学部会合同会議における研究開発力強化法に関するヒアリング
一一月　六日　文部科学部会、内閣部会、科学技術委員会合同会議における条文審査
一一月一二日　内閣部会、文部科学部会、厚生労働部会、科学技術委員会合同会議における条文審査

〈衆議院提出まで〉

一〇月三一日　自民党　内閣部会・文部科学部会・厚生労働部会・科学技術イノベーション戦略調査会合同会議　法案了承
一一月一九日　自民党　政調審議会、自民党　総務会、与党政策責任者会議　了承
一一月二七日　研究開発力強化法等改正案を衆議院提出

〈衆議院提出後の第185回臨時国会審議〉

一一月二九日　衆・文部科学委員会　審議・採決・附帯決議（賛成＝自、公、民、維、生、反対＝み、社、共）
一二月　二日　衆・本会議　可決
一二月　五日　参・文教科学委員会　審議・採決（賛成＝自、公、維、反対＝み、共、欠席＝民）
〃　参・本会議　可決
一二月一三日　公布、施行（平成二六年四月一日施行部分以外）

平成二六年

四月　一日　施行（労働契約法特例及び出資部分）

第四章　「研究開発力強化法」条文の内容

ここでは、改正された「研究開発力強化法」の内容について、制定時から改正のない部分も含めて、各条文を取り上げ、それぞれその意味や背景などを解説する。

なお、条名（第〇条）については、特に明示のない場合、研究開発力強化法の条名である。

本法の基本的考え方

本法は、人口減少・少子高齢化等の社会構造の変化が進む我が国に対して、中国やインドをはじめとするＢＲＩＣｓ諸国の急激な成長により世界の競争が激化している中で、欧米をはじめアジア諸国においては科学技術を国力の源泉と位置づけ、それへの取り組みを急速に強化しているなどの内外の動向（「米国競争力強化法」の制定、中国「科学技術進歩法」の改正等）にかんがみ、特に緊急を要する研究開発システムの改革の推進等による研究開発能力の強化及び研究開発等の効率的推進に必要な事項等について、措置を講じたものである。

なお、従来、「研究交流促進法」（昭和六十一年法律第五十七号）の対象であった国立の試験研究機関が独立行政法人化・非公務員化するに至り、現在、公的研究機関の過半を占める独立行政法人及び国立大学法人の職員は「研究交流促進法」の対象外となったが、これら法人化された独立行政法人と国立大学法人の間の退職金協定が未だほとんど存在しないことなどに見られるように独立行政法人も含めた研究交流は、現状として促進されているとは言い難い面もある。

このため、研究公務員だけでなく、独立行政法人及び国立大学法人の研究者を含めた総合的な研究交流を緊急に促進する措置を講じる必要があることから、「研究交流促進法」を本法に取り込み、研究公務員だけでなく、研究開発法人及び国立大学法人等をも対象とした総合的な研究交流の促進等を行わせることとしたものである（研究交流促進法を本法に取り込んだことで、本法の施行と同時に、「研究交流促進法」は廃止となった）。

【法律名】
研究開発システムの改革の推進等による研究開発能力の強化及び研究開発等の効率的推進等に関する法律

研究開発システムの改革の推進により、我が国の研究開発能力の強化及び研究開発等の効率的推進を目指すという本法の代表的な目的及び手段を掲げ、本法律名を定めた。

法律名のうち、「研究開発システムの改革の推進『等』」としているのは、研究開発システムの改革の推進だけではなく、旧研究交流促進法の規定の運用等の研究開発システムの着実な運用等も研究開発能力の強化及び研究開発等の効率的推進につながることから、このようにしたものである。

また、法律名のうち、「研究開発の効率的推進『等』」としたのは、第四十八条の主務大臣の要求のうち、非常事態の対応に係るものについては、研究開発能力の強化や研究開発等の効率的推進の枠から外れるものであることから、このような文言にしたものである。

第一章　総則

（目的）

第一条　この法律は、国際的な競争条件の変化、急速な少子高齢化の進展等の経済社会情勢の変化に対応して、研究開発能力の強化及び研究開発等の効率的推進を図ることが喫緊の課題であることにかんがみ、研究開発システムの改革の推進等による研究開発能力の強化及び研究開発等の効率的推進に関し、基本理念を定め、並びに国、地方公共団体並びに研究開発法人、大学等及び事業者の責務等を明らかにするとともに、研究開発システムの改革の推進等による研究開発能力の強化及び研究開発等の効率的推進のために必要な事項等を定めることにより、我が国の国際競争力の強化及び国民生活の向上に寄与することを目的とする。

人口減少・少子高齢化等の社会構造の変化が進み、諸外国との競争において非常に厳しい状況に置かれている我が国が、持続的かつ安定的な経済成長を続け、社会の発展を図るためには、競争力強化と生産性向上の源泉である科学技術を一層発展させ、その成果を絶えざるイノベーションの創出につなげていくことが不可欠である。

本法は、研究開発システムの改革の推進に関し、基本理念を定め、国等の責務等を明らかにするとともに、研究開発能力の強化及び研究開発等の効率的推進のために必要な事項等を定めることにより、我が国の国際競争力の強化及び国民生活の向上を図ることを最終的な目的としている。

なお、規定中「必要な事項『等』」としているのは、第四十八条の主務大臣の要求のうち、非常時の対応に係るものについては、研究開発能力の強化や研究開発等の効率的推進の枠から外れるものであることから、このような文言としたものである。

（定義）

第二条　この法律において「研究開発」とは、科学技術（人文科学のみに係るものを除く。第十五条の二第一項を除き、以下同じ。）に関する試験若しくは研究又は科学技術に関する開発をいう。

2　この法律において「研究開発等」とは、研究開発又は研究開発の成果の普及若しくは実用化をいう。

3　この法律において「研究開発能力」とは、研究開発等を行う能力をいう。

4　この法律において「研究開発システム」とは、研究開発等の推進のための基盤が整備され、科学技術に関する予算、人材その他の科学技術の振興に必要な資源（以下単に「科学技術の振興に必要な資源」という。）が投入されるとともに、研究開発が行われ、その成果の普及及び実用化が図られるまでの仕組み全般をいう。

5 この法律において「イノベーションの創出」とは、新商品の開発又は生産、新役務の開発又は提供、商品の新たな生産又は販売の方式の導入、役務の新たな提供の方式の導入、新たな経営管理方法の導入等を通じて新たな価値を生み出し、経済社会の大きな変化を創出することをいう。

6 この法律において「大学等」とは、大学及び大学共同利用機関をいう。

7 この法律において「試験研究機関等」とは、次に掲げる機関のうち科学技術に関する試験又は研究（第十五条の二第一項を除き、以下単に「研究」という。）を行うもので政令で定めるものをいう。

一 内閣府設置法（平成十一年法律第八十九号）第三十九条及び第五十五条並びに宮内庁法（昭和二十二年法律第七十号）第十六条第二項並びに国家行政組織法（昭和二十三年法律第百二十号）第八条の二に規定する機関

二 内閣府設置法第四十条及び第五十六条並びに国家行政組織法第八条の三に規定する特別の機関又は当該機関に置かれる試験所、研究所その他これらに類する機関

三 内閣府設置法第四十三条及び第五十七条（宮内庁法第十八条第一項において準用する場合を含む。）並びに宮内庁法第十七条第一項並びに国家行政組織法第九条に規定する地方支分部局に置かれる試験所、研究所その他これらに類する機関

四 特定独立行政法人（独立行政法人通則法（平成十一年法律第百三号）第二条第二項に規定する特定独立

行政法人をいう。以下同じ。）

8 この法律において「研究開発法人」とは、独立行政法人通則法第二条第一項に規定する独立行政法人（以下単に「独立行政法人」という。）であって、研究開発等、研究開発であって公募によるものに係る業務又は科学技術に関する啓発及び知識の普及に係る業務を行うもののうち重要なものとして別表第一に掲げるものをいう。

9 この法律において「国立大学法人等」とは、国立大学法人法（平成十五年法律第百十二号）第二条第五項に規定する国立大学法人等をいう。

10 この法律において「研究者等」とは、科学技術に関する研究者及び技術者（研究開発の補助を行う人材を含む。）をいう。

11 この法律において「研究公務員」とは、試験研究機関等に勤務する次に掲げる国家公務員をいう。

一 一般職の職員の給与に関する法律（昭和二十五年法律第九十五号）第六条第一項の規定に基づき同法別表第七研究職俸給表（次号において「別表第七」という。）の適用を受ける職員並びに同項の規定に基づき同法別表第六教育職俸給表（一）（次号において「別表第六」という。）の適用を受ける職員、同項の規定に基づき同法別表第八医療職俸給表（一）（次号において「別表第八」という。）の適用を受ける職員及び一般職の任期付職員の採用及び給与の特例に関する法律（平成十二年法律第百二十五号）第七条第一項の規定に基づき同項に規定する俸給表（次号において「任期付職員俸給表」という。）の適用を受ける職員のうち研究を行う者として政令で定める者並びに一般職の任期付研究員の採用、給与及び勤務時間の特例に関する法律（平成九年法律第六十五号）第六条第一項又は第二項の規定に基づきこれらの規定に規定する俸給表（次号において「任期付研究員俸給表」という。）の適用を受ける職員（第十四条第二項において「任期付研究員俸給表適用職員」という。）

二　防衛省の職員の給与等に関する法律（昭和二十七年法律第二百六十六号）第四条第一項の規定に基づき別表第七に定める額の俸給が支給される職員並びに同項の規定に基づき別表第六又は別表第八に定める額の俸給が支給される職員、同条第二項の規定に基づき任期付職員俸給表に定める額の俸給が支給される職員及び防衛省設置法（昭和二十九年法律第百六十四号）第三十七条に規定する自衛官のうち研究を行う者として政令で定める者並びに防衛省の職員の給与等に関する法律第四条第三項の規定に基づき任期付研究員俸給表に定める額の俸給が支給される職員

三　特定独立行政法人に勤務する国家公務員法（昭和二十二年法律第百二十号）第二条に規定する一般職に属する職員のうち研究を行う者として政令で定める者

本法において使用されている用語を定義したものである。詳細は、以下のとおりである。

・第一項「研究開発」について

科学技術基本法（平成七年法律第百三十号）第九条第二項第一号においては「研究開発」の用語が用いられているところであるが、従来、多数の法律事項を伴う旧研究交流促進法において「試験」、「研究」、「開発」の三つの仕

分けが厳密に行われていること及び文部科学省設置法（平成十一年法律第九十六号）においてもこのような仕分けが行われていることから、「試験」、「研究」、「開発」の三つの区分を活かし、旧研究交流促進法の法律事項については従来どおり、「試験又は研究」を表す「研究」の用語を引き続き使用し、それ以外の規定については「試験、研究又は開発」を表す「研究開発」の用語を用いたものである。

また、改正法により、労働契約法の特例を定める第十五条の二第一項における「科学技術」には人文科学のみに係るものも含めるための修正が加えられた。

・第二項「研究開発等」について

第二項の「研究開発等」の定義に成果普及等を含めた理由は、持続的かつ安定的な経済成長と社会の発展を図るためには、イノベーションの創出が不可欠であり、研究開発をイノベーションの創出につなぐ成果普及及び実用化の取り組みこそが特に重要であるからである。

・第四項「研究開発システム」について

第四項の「研究開発システム」とは、研究開発等の基盤の整備から研究開発の成果の普及及び実用化までの仕組み全般を指すものである。具体的には、研究開発等に関する予算や研究者等の給与体系等、研究開発等を進めていく上での基礎となるもののことである。

・第五項「イノベーションの創出」について

第五項の「イノベーションの創出」とは、新製品の開発、新生産方式の導入、新市場の開拓、新原料・新資源の開発、新組織の形成等を通じて、新たな価値を生み出し、経済社会の大きな変化を創出することを指すものである。なお、「イノベーション」という文言は、特命大臣名や「イノベーション25」（平成一九年六月一日閣議決定）においても用いられ、すでに一般化されていることから、カタカナ表記として初めて法に規定したものである。

・第七項「試験研究機関等」について

国の行政組織においては、科学技術（人文科学のみに係るものを除く。）に関する研究開発を行う機関が内部部局から独立して設置されているので、本条において法の適用対象となる者を機関単位で指定するものである（旧研究交流促進法第二条を移行）。

【参考】

平成二六年六月時点において規定されている試験研究機関等は以下のとおりである。

（研究開発力強化法施行令別表）

一	一　警察庁科学警察研究所 二　文部科学省科学技術・学術政策研究所

	二	三
三　厚生労働省国立医薬品食品衛生研究所 四　厚生労働省国立保健医療科学院 五　厚生労働省国立社会保障・人口問題研究所 六　厚生労働省国立感染症研究所 七　農林水産省動物医薬品検査所 八　農林水産省農林水産政策研究所 九　国土交通省国土技術政策総合研究所 十　気象庁気象研究所 十一　気象庁高層気象台 十二　気象庁地磁気観測所 十三　環境省環境調査研修所	一　消防庁消防大学校 二　厚生労働省国立障害者リハビリテーションセンター 三　国土交通省国土地理院	一　気象庁気象大学校 二　海上保安庁海上保安大学校

四	一　防衛省技術研究本部航空装備研究所 二　防衛省技術研究本部陸上装備研究所 三　防衛省技術研究本部艦艇装備研究所 四　防衛省技術研究本部電子装備研究所 五　防衛省技術研究本部先進技術推進センター 六　防衛省技術研究本部札幌試験場 七　防衛省技術研究本部下北試験場 八　防衛省技術研究本部岐阜試験場
五	自衛隊中央病院
六	一　防衛省防衛大学校 二　防衛省防衛医科大学校
七	一　独立行政法人農林水産消費技術センター 二　独立行政法人製品評価技術基盤機構 三　独立行政法人国立印刷局 四　独立行政法人国立病院機構

・第八項「研究開発法人」について

独立行政法人のうち、研究開発を自ら行う法人（日本原子力研究開発機構など）、競争的資金の配分等の競争的資金に係る事務を行う法人（科学技術振興機構など）、科学技術に関する普及啓発を行う法人の三類型（国立科学博物館など）のうち、重要なものを研究開発法人とした。

具体的には、従来、総合科学技術会議（現・総合科学技術・イノベーション会議）で研究開発法人とされていた法人のうちから、研究開発業務をメインとしない法人及び人文系の法人を除いたものである（名称及び目的・業務から判断）。

なお、「研究開発であって公募によるもの」及び「科学技術に関する啓発及び知識の普及」について「に係る業務」としたのは、各個別法において、このような文言を用いて業務を規定していることから、「に係る業務」としたものである。

【参考】

平成二六年六月時点において規定されている研究開発法人は、以下のとおりである。

（研究開発力強化法別表一）

一　独立行政法人日本医療研究開発機構
二　独立行政法人情報通信研究機構

三 独立行政法人酒類総合研究所
四 独立行政法人国立科学博物館
五 独立行政法人物質・材料研究機構
六 独立行政法人防災科学技術研究所
七 独立行政法人放射線医学総合研究所
八 独立行政法人科学技術振興機構
九 独立行政法人日本学術振興会
十 独立行政法人理化学研究所
十一 独立行政法人宇宙航空研究開発機構
十二 独立行政法人海洋研究開発機構
十三 独立行政法人日本原子力研究開発機構
十四 独立行政法人国立健康・栄養研究所
十五 独立行政法人労働安全衛生総合研究所
十六 独立行政法人医薬基盤研究所
十七 独立行政法人国立がん研究センター
十八 独立行政法人国立循環器病研究センター
十九 独立行政法人国立精神・神経医療研究センター

二十　独立行政法人国立国際医療研究センター
二十一　独立行政法人国立成育医療研究センター
二十二　独立行政法人国立長寿医療研究センター
二十三　独立行政法人農業・食品産業技術総合研究機構
二十四　独立行政法人農業生物資源研究所
二十五　独立行政法人農業環境技術研究所
二十六　独立行政法人国際農林水産業研究センター
二十七　独立行政法人森林総合研究所
二十八　独立行政法人水産総合研究センター
二十九　独立行政法人産業技術総合研究所
三十　独立行政法人石油天然ガス・金属鉱物資源機構
三十一　独立行政法人新エネルギー・産業技術総合開発機構
三十二　独立行政法人土木研究所
三十三　独立行政法人建築研究所
三十四　独立行政法人交通安全環境研究所
三十五　独立行政法人海上技術安全研究所
三十六　独立行政法人港湾空港技術研究所

三十七　独立行政法人電子航法研究所
三十八　独立行政法人国立環境研究所

※日本医療研究開発機構の設立は、平成二七年四月。

○第十項「研究者等」について

科学技術基本法の「研究者等」は研究者及び技術者をいう。なお、本法においては、研究開発の補助を行う人材についてもその重要性にかんがみ、同様に措置を行う必要があることなどから、「研究者等」の定義において確認的に含まれていることを規定したものである。

＊研究開発法人の俸給等においては、「技術者」の中に研究開発等の補助を行う人材が含まれていることが通常である。

○第十一項「研究公務員」について

研究公務員は、①一般職職員、②特別職職員（防衛省職員）、③特定独立行政法人の一般職職員という異なる法体系に基づく号分けがなされている。（特定独法の役員は「特別職」扱いであるため、旧研究交流促進法の適用なし（外国人任用等））

i　「①一般職職員」の内訳は、「研究職」、「教育職、医療職、任期付職員のうち研究を行うものとして政令で定める者」、「任期付研究員」の三概念

ⅱ　「②防衛省職員」の内訳は、「研究職」、「教育職、医療職、任期付職員、自衛官のうち研究を行うものとして政令で定める者」、「任期付研究員」の三概念

これらのいずれの概念の職員においても、旧研究交流促進法上の研究公務員としての扱いは原則として同等である（防衛省職員は、任用関係条項において対象外）。

（基本理念）

第三条　研究開発システムの改革の推進等による研究開発能力の強化及び研究開発等の効率的推進は、研究開発等の推進のための基盤の強化を図りつつ、科学技術の振興に必要な資源を確保し、それが柔軟かつ弾力的に活用され、研究開発等を行う機関（以下「研究開発機関」という。）及び研究者等が、それまでの研究開発の成果の集積を最大限に活用しながら、その研究開発能力を最大限に発揮して研究開発等を行うことができるようにすることにより、我が国における科学技術の水準の向上及びイノベーションの創出を図ることを旨として、行われなければならない。

2　研究開発システムの改革の推進等による研究開発能力の強化及び研究開発等の効率的推進は、科学技術基本法（平成七年法律第百三十号）第二条に規定する科学技術の振興に関する方針にのっとり、政府の行政改革の基本方針との整合性に配慮して、行われなければならない。

基本理念は、第一条に規定する最終目的を達成するための手法及び配慮すべき事項を定めたものである。

本条は、研究開発システムの改革の推進等による研究開発能力の強化及び研究開発等の効率的推進を図るに当たっての基本的な理念を定めたものである。

第一項は、研究開発システムの改革の推進等による研究開発能力の強化及び研究開発等の効率的推進は、科学技術の振興に必要な資源の確保やその柔軟かつ弾力的な活用、研究開発機関及び研究者等の研究開発能力の十分な発揮等を通じて、科学技術の水準の向上及びイノベーションの創出を図るよう行われるものと定め、研究開発システムの改革に取り組む上での基本的な姿勢を明らかにしている。

第二項は、本法が科学技術基本法の下に位置づけられるものであるため、研究開発システムの改革が、科学技術基本法の方針にのっとり行われるべきこと、また、第三十三条をはじめとして本法が研究開発法人に特例を認める規定を定めていることを踏まえ、本法に基づく研究開発システムの改革が政府の行政改革の基本方針と整合のとれたものとなるよう配慮して行わなければならないことを定めたものである。

なお、第二項において、「基本理念にのっとり、」でなく「…方針にのっとり、」としたのは、「科学技術基本法」には基本理念の規定が存在しないため、このように規定したものである。

（国の責務）

第四条　国は、前条の基本理念（以下「基本理念」という。）にのっとり、研究開発システムの改革の推進等による研究開発能力の強化及び研究開発等の効率的推進に関する総合的な施策を策定し、及び実施する責務を有する。

本条は、研究開発システムの改革の推進に取り組む国の責務について明らかにしたものである。

地方公共団体の責務について規定した第五条との関係において、国の施策は「総合的な施策」であるのに対し、地方公共団体の施策は「国の施策に準じた施策及びその地方公共団体の区域の特性を生かした自主的な施策」である。

（地方公共団体の責務）

第五条　地方公共団体は、基本理念にのっとり、研究開発システムの改革の推進等による研究開発能力の強化及び研究開発等の効率的推進に関し、国の施策に準じた施策及びその地方公共団体の区域の特性を生かした自主的な施策を策定し、及び実施する責務を有する。

本条は、研究開発システムの改革の推進における地方公共団体の役割の重要性にかんがみ、地方公共団体も国の施策に準じた施策及び区域の特性を生かした自主的な施策を行うことを地方公共団体の責務として定めたものである。

（研究開発法人等の責務等）

第六条　研究開発法人、大学等及び事業者は、基本理念にのっとり、その研究開発能力の強化及び研究開発等の効率的推進に努めるものとする。

２　国及び地方公共団体は、研究開発システムの改革の推進等による研究開発能力の強化及び研究開発等の効率的推進に関する施策で大学等に係るものを策定し、及び実施するに当たっては、大学等における研究活動の活性化を図るよう努めるとともに、研究者等の自主性の尊重その他の大学等における研究の特性に配慮しなければならない。

本条第一項は、研究開発システムの改革の推進における研究開発法人等の役割の重要性にかんがみ、研究開発法人等も自らの研究開発能力の強化及び研究開発等の効率的推進に努めるべきことを定めたものである。

第二項は、大学等における研究開発システムの改革の推進に関して、大学等における研究の特性に国が配慮を行うべきことを定めたものである。具体的には大学等における研究は、本来的に、研究者の自由闊達な発想と研究意欲を源泉として展開されることによって、優れた成果を期待できるものであると言われており、そのような大学等における研究の特性に配慮しなければならないことを定めたものである。

（連携の強化）
第七条　国は、国、地方公共団体、研究開発法人、大学等及び事業者が相互に連携を図りながら協力することにより、研究開発能力の強化及び研究開発等の効率的推進が図られることにかんがみ、これらの者の間の連携の強化に必要な施策を講ずるものとする。

本条は、研究開発能力の強化及び研究開発等の効率的推進に当たっては、国、地方公共団体、研究開発法人、大学等及び事業者がこれまで以上に相互に連携・協力し、我が国全体としての研究開発能力が最大化されるような取り組みを行う必要があることから、国がそのために必要な施策を講ずべきことを定めたものである。

（法制上の措置等）
第八条　政府は、研究開発システムの改革の推進等による研究開発能力の強化及び研究開発等の効率的推進に関する施策を実施するため必要な法制上、財政上又は金融上の措置その他の措置を講じなければならない。

本条は、施策を講ずるに際しては、法令、予算等についての措置が施策の具体的実施に必要不可欠であることにかんがみ、特に政府の義務として明らかにしたものである。詳細は、以下のとおりである。

・「政府」

法令上用いられている政府という語の意味は、必ずしも一様ではないが、多くの場合、主務大臣、所管行政機関又は内閣の意味に解して差し支えないとされている（『法令用語辞典』学陽書房）。本条の主体を国ではなく政府としたのは、法律案の作成及び国会提出、政省令の制定、法令及び予算の執行など、法制上、財政上の具体的な措置のほとんどは政府が行うものであるためである。なお、他法律においても主語を「政府」とする例が多数である。

・「法制上の措置」

法律案の作成及び国会提出、政省令の制定が考えられる。

・「財政上の措置」

予算案の作成及び国会提出、予算の執行のほか、税法令の制定改廃を除く税の執行上の裁量も財政上の措置である。

・「金融上の措置」

政府関係金融機関を通じて財政融資を行うこと、民間の金融機関の融資の斡旋等が含まれる。

・「その他の措置」

行政サービスの提供や行政指導、斡旋などが考えられる。

第二章　研究開発等の推進のための基盤の強化

第一節　科学技術に関する教育の水準の向上等

（科学技術に関する教育の水準の向上等）
第九条　国は、科学技術に関する教育の水準の向上及び卓越した研究者等の育成が研究開発能力の強化に極めて重要であることにかんがみ、科学技術に関する教育に従事する教員の能力の向上、科学技術に関する教育における研究者等の活用等による科学技術に関する教育の水準の向上を図るとともに、先導的な科学技術に関する教育への支援その他の卓越した研究者等の育成に必要な施策を講ずるものとする。

近年、将来の理工系人材の養成にとって大きな問題となりうる理数系の学力の低下が指摘されている。一方で、米国等の諸外国は、理数系教育の強化に取り組んでおり、我が国としても早急に科学技術に関する教育水準の向上等に取り組んでいく必要があることから、そのために必要な施策を講ずべきことを定めたものである。

（科学技術経営に関する知識の習得の促進等）
第十条　国は、研究開発の成果の実用化及びこれによるイノベーションの創出を図るため、研究者等の科学技術経営（研究開発の成果を資金、設備その他の資源と組み合わせて有効に活用するとともに、将来の活用の内容を展望して研究開発を計画的に展開することをいう。）に関する知識の習得の促進並びに研究者等が研究開発の内容及び成果の有用性等に関する説明を行う能力の向上に必要な施策を講ずるものとする。

本条は、研究開発の成果の実用化及びこれによるイノベーションの創出を図るためには、科学技術経営、すなわち、科学や技術の活用のあり方（いわゆるＭＯＴ）が重要であること及び研究者等が研究開発の内容等について積極的に外部に発信していくことが重要であることにかんがみ、国が研究者等の科学技術経営に関する知識の習得の促進及び研究開発の内容等の説明能力の向上に必要な施策を講ずべきことを定めたものである。

（研究開発等に係る運営及び管理に係る業務に関する専門的な知識及び能力を有する人材の確保等の支援）
第十条の二　国は、研究開発能力の強化を図るため、研究開発等に係る企画立案、資金の確保並びに知的財産権の取得及び活用その他の研究開発等に係る運営及び管理に係る業務に関し、専門的な知識及び能力を有する人材の確保その他の取組を支援するために必要な施策を講ずるものとする。

本条は、いわゆるリサーチアドミニストレーター制度の確立を図るため、国は、人材の確保その他の取組を支援するために必要な施策を講ずべきことを定めたものであり、改正法により新たに追加された。

リサーチアドミニストレーターについては、これまでも、「科学技術イノベーション総合戦略～新次元日本創造への挑戦～」（平成二五年六月七日閣議決定）において、「科学技術の進展とともに、研究体制の複雑化、研究インフラの高度化、複数期間の連携等が進み、研究を実施するに当たり、技術者や知的財産専門家等、様々な研究支援者の参画が不可欠となっており、今後、このような人材の重要性は益々増大する。このような職種を研究者と並ぶ専門的な職種として確立し、社会的認知度を高める。」とされ、「日本再興戦略～JAPAN is BACK～」（平成二五年六月一六日閣議決定）においても、「研究者が研究に没頭し、成果を出せるよう、研究大学強化促進事業等の施策を推進し、リサーチアドミニストレーター等の研究支援人材を着実に配置する。」とされているなど、その重要性が一層高まっているところである。さらに、シニアのリサーチアドミニストレーターに対しては、リサーチアドミニストレーター組織の統括、大型研究プログラムの主体的な運営・進行管理等といった業務も期待されている。

本条は、これらを踏まえ、初めて法律に、いわゆるリサーチアドミニストレーターについて規定したものである。

（イノベーションの創出に必要な能力を有する人材の育成の支援）

第十条の三　国は、イノベーションの創出に必要な能力を有する人材の育成を支援するために必要な施策を講ずるものとする。

本条は、いわゆるイノベーション人材の育成を図るため、国が必要な施策を講ずべきことを定めたものであり、改正法により新たに追加された。

「イノベーションの創出に必要な能力を有する人材」の具体像については、その時々の社会情勢で変わるものであり一概には言えないが、問題の解決を志向し、かつ、実際に行動して実現する能力、高度な専門的な能力だけでなく広範な分野にまたがる問題の解決に関わる様々な要素を理解する能力、顕在化していない問題を発見し、課題を設定できる能力などを備えた人材が、同法の国会審議において提案者より例として挙げられている。

（2）科学技術イノベーション人材に求められる能力とは

これまで様々な人材育成の取組を見てきた。多様な能力の育成を目指した様々な取組がなされており、また、ここで紹介したもののほかにも様々な取組がなされているが、現時点で科学技術イノベーション人材が備えるべき能力や育成手法について標準があるわけではない。また、今後も社会情勢の変化に応じ必要となる能力は変化していくものであり、育成手法の高度化、新規手法の開発などにより、よりよい人材育成がなされていくこととなろう。

一方で、前項で述べた現時点で行われている取組には共通認識が浮かび上がる。例えば、専門分野にとどまらない広範な分野にまたがる問題の解決を志向し、実際に行動し実現していくこと、このために、高度な専門的な能力を備えると同時に、人間の欲求やビジネス、社会問題の解決の視点に立つなど問題解決に係る様々な要素も理解すること、こうした理解を基に顕在化していない問題も発見し課題設定できること、そして、分野を超えた多様な人々とともに、創造的に解決策を構築していくこと、などが共通に志向されている。

また、こうした能力の育成には、例えば、経済社会や人間についての理解なども含めた課題の認識や設定のための取組を重視すること、分野を超え、分野を統合する取組であること、異分野の知識を有する者や企業などとの協働など実践的な取組であること、そのため、単に座学だけではなくワークショップなどの場を通じたアクティブラーニング志向であること、などが共通点として見えてくる。

こうした取組の一例として、近年注目を受けているデザイン思考を基にした教育があげられる。デザイン思考という呼称は米国アイディオ社で使われ始めたものと言われ、その説明は種々あるが、製品を生み出すに当たり人々の感情に踏み込むデザイナの感覚と手法を活用し、課題の理解と解決をすすめていくための手法が基であり、研究者や企業ではなく消費者や利用者などの顕在化若しくは潜在化した価値評価を考慮する人間中心価値（※1）に、科学技術やビジネスを加えた3要素を組み合わせたものとし説明される。デザイン思考の段階には、1．understand（理解）、2．observe（観察）、3．define point of view（視点）、4．ideate（アイデア化）、5．prototype（プロトタイプ）、6．test（試験）に細分されるが、これらを順に進めるのではなく、各段階を行き来しながら課題をより深く理解してその本質を把握し、課題を解決していくことが期待されている（図参照）。

デザイン思考では、課題に対して思考することにとどまらず実践することが求められている。このため、課

デザイン思考の三要素及びデザイン思考の段階

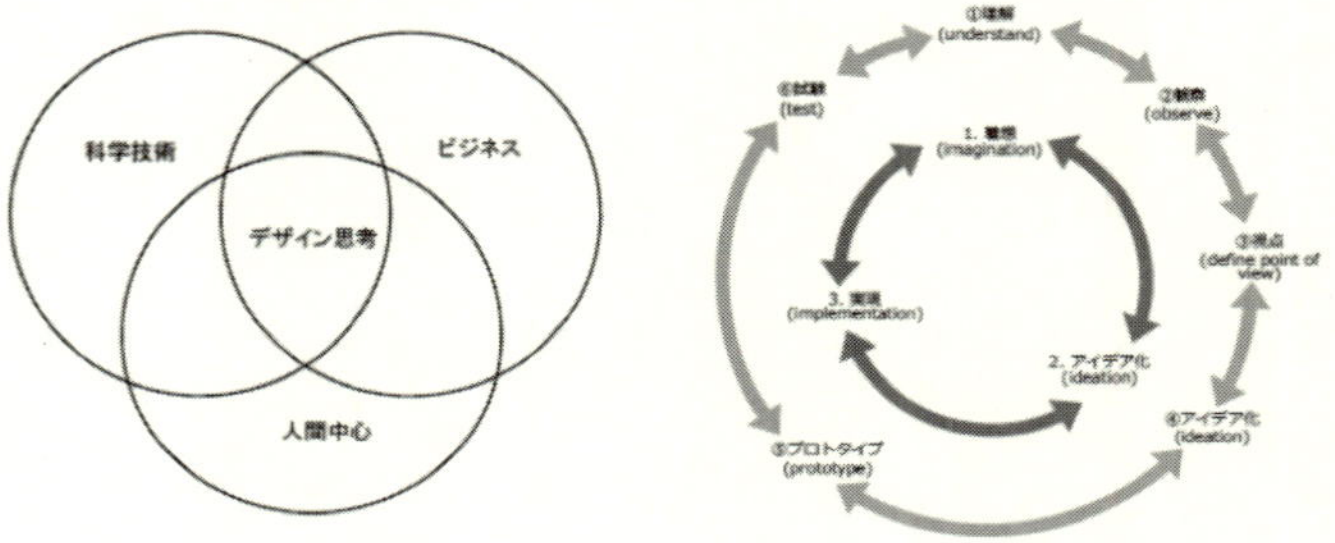

出典『平成 25 年度 科学技術白書 イノベーションの基盤となる科学技術』より抜粋。

題解決に従来活用されてきた論理的思考や仮説検証型思考とともに、文化人類学で用いられるエスノグラフィ（※2）による観察、ブレインストーミング等の手法も活用して、生み出したアイデアをプロトタイプ（※3）の作成により実体化することが求められている。そして、この結果を分析し、更なる検討に生かしている。

また、分野の全く異なる相手との協働を可能にするチームワーク能力や、他社に対する深い理解が必要であり、現実の問題に対して他分野の人たちとチームを組んで取組が行われている。これは、アイデアは優れた一個人からよりも、多様な人材の協働からの方がより多く生まれるという考えに基づいているためであり、特に優れた個人を創出することを目指した取組とはなっていない。

このデザイン思考を基にした教育は、前出の d. school のほかにフィンランドのアールト大学をはじめとする欧州、オーストラリア等で行われている。また、アジアでは、特にシンガポールで国家的にデザイン思考の教育を推進しているほか、韓国、中国、インド、マレーシア等でも近年デザイン思考教育が行われるようになっている。

こうした考え方や教育が広まりつつあるのは、これまでのように特定分野、特定産業における最先端の知識や技術を習得すれば優れた価値を創造していくことができるという期待が通用しなくなっていることの裏返しであると考えられ、経済社会状況に応じた人材育成の取組の一つと言える。

※1　英語ではHuman centered。利用者を中心に据えた考え方やプロセス。たとえば、何らかの製品を作成・販売する場合、材料費や運搬コストなど作り手や売り手の都合に相手製品を決めるのではなく、その製品の利用者の受け取る価値や感動を最大化できるように製品を設計すること、あるいはそのプロセス。
※2　集団や社会の行動様式をフィールドワークによって調査・記録する手法。
※3　製品などの試作モデルのこと。プロトタイプ作成の手段として、「3Dプリンタ」などが活用されている。

（技能及び知識の有効な活用及び継承）
第十一条　国は、研究者等（研究者等であった者を含む。）の有する技能及び知識の有効な活用及び継承が研究開発能力の強化に極めて重要であることにかんがみ、その技能及び知識の有効な活用及び継承を図るために必要な施策を講ずるものとする。

近年、熟練した技術者の高齢化や若年層のものづくり離れといった問題が懸念されており、団塊世代が有する知識やノウハウによって培われてきた技術を維持・確保していくための技術者の養成が喫緊の課題となっている。

本条は、研究開発能力の強化には、研究者等の有する技能及び知識の有効な活用及び継承を図るために必要な施策を講ずべきことを定めたものである。具体的には、技術士法に基づく技術士や卓越した技能を持ちながら定年を迎える人材の活用などを想定している。

第二節　若年研究者等の能力の活用等

（若年研究者等の能力の活用）
第十二条　国は、研究開発等の推進における若年者、女性及び外国人（日本の国籍を有しない者をいう。以下同じ。）である研究者等（以下「若年研究者等」という。）の能力の活用が研究開発能力の強化に極めて重要であることにかんがみ、国の資金（国から研究開発法人に提供された資金その他の国の資金に由来する資金を含む。以下同じ。）により行われる研究開発等の推進における若年研究者等の能力の活用を図るとともに、研究開発法人、大学等及び事業者による若年研究者等の能力の活用の促進に必要な施策を講ずるものとする。
2　研究開発法人、大学等及び事業者は、その研究開発等の推進における若年研究者等の能力の活用を図るよう努めるものとする。

本条第一項は、少子高齢化が進み、国際競争をめぐる環境が厳しさを増す中、ポストドクターなどの若手研究者や女性研究者、外国人研究者も含めた多種多様な人材がその才能を最大限発揮できるような競争的な環境を整備することが緊急に必要となっていることから、国が、国の資金により行われる研究開発等の推進における若年研究者等の能力の活用を図るとともに、研究開発法人、大学等及び事業者による若年研究者等の能力の活用の促進に必要な施策を講ずべきことを定めたものである。

第二項は、研究開発法人、大学等及び事業者に対しても同様に若年研究者等の能力の活用を図ることについて努力義務を課したものである。

なお、「国の資金」に「国から研究開発法人に提供された資金…を含む。」を規定したのは、国からの研究開発法人や国立大学法人等に提供された運営費交付金による研究開発、補助金による研究開発についても「国の資金による研究開発」として同様に扱う必要があるが、これらについては相手側に提供した資金であるため、単に「国の資金」とした場合、疑義が生じるためである。

「産業技術力強化法」（平成十二年法律第四十四号）においては、補助金等を含め「国の資金による研究開発」としている（コンメンタールによる）が、本法の場合、第三十条に単に「国の資金」と規定していることから、明確に運営費交付金等が含まれることを規定したものである。

（卓越した研究者等の確保）

第十三条　国は、アジア地域その他の地域の経済の発展等により、卓越した研究者等の確保の重要性が著しく増大していることにかんがみ、海外の地域からの卓越した研究者等の円滑な招へいを不当に阻害する要因の解消その他の卓越した研究者等の確保に必要な施策を講ずるものとする。
2　研究開発法人、大学等及び事業者は、海外の地域における卓越した研究者等の処遇等を勘案し、必要に応じて、卓越した研究者等の給与について他の職員の給与水準に比較して必要な優遇措置を講ずること等により、卓越した研究者等の確保に努めるものとする。

中国やインドの急速な発展、それによる研究者の争奪競争の高まりなどにより、世界中で優秀な理工系人材の争奪が激化しており、また、中国において世界トップ一〇〇大学・研究機関から一、〇〇〇人以上の卓越した科学者を招へいする「一一一計画」が策定されるなど、諸外国では海外から有能な研究人材を獲得するためのさまざまな策を講じ始めている。本条第一項は、このような競争環境の中で、我が国が世界の人材獲得競争において後れを取ることのないよう、国が優秀な外国人研究者の確保に必要な施策を講ずべきことを定めたものである。

第二項は、研究開発法人、大学等及び事業者に対しても同様に卓越した研究者等の確保について努力義務を課したものである。

（外国人の研究公務員への任用）
第十四条　国家公務員法第五十五条第一項の規定その他の法律の規定により任命権を有する者（同条第二項の

規定によりその任命権が委任されている場合には、その委任を受けた者。以下「任命権者」という。）は、外国人を研究公務員（第二条第十一項第二号に規定する者を除く。）に任用することができる。ただし、次に掲げる職員については、この限りでない。

一　試験研究機関等の長である職員

二　試験研究機関等の長を助け、当該試験研究機関等の業務を整理する職の職員その他これに準ずる職員として政令で定めるもの

三　試験研究機関等に置かれる支所その他の政令で定める機関の長である職員

2　任命権者は、前項の規定により外国人を研究公務員（第二条第十一項第一号及び第三号に規定する者（一般職の任期付職員の採用及び給与の特例に関する法律第五条第一項に規定する任期付職員並びに任期付研究員俸給表適用職員及び同号に規定する者のうち一般職の任期付研究員の採用、給与及び勤務時間の特例に関する法律第三条第一項の規定により任期を定めて採用された職員を除く。）に限る。第十六条において同じ。）に任用する場合において、当該外国人を任用するために特に必要であるときには、任期を定めることができる。

我が国の研究開発能力の強化及び研究開発等の効率的推進のためには、海外にも人材を広く求め、優れた業績を挙げている外国人の能力を導入していくことが必要であることにかんがみ、外国人研究者の研究公務員への任用を可能にするものである。（旧研究交流促進法第四条を移行）

具体的には、以下のとおりである。

1．「国家意思の形成」または「公権力の行使」に携わる公務員には、外国に対する国家主権の維持の観点から「当然の法理」として外国人を任用することはできないとされており、この法理に反して外国人を任用するためには法律による特例措置が必要である。

2．旧研究交流促進法の制定当時も「外国人教員任用法」により「教授、助教授等」に外国人任用が可能であったが、本条によりハイレベルな研究公務員である「研究室長、研究部長等」にも外国人任用が可能となった（なお、「国会意思の形成」または「公権力の行使」に携わらない一般の外国人研究員については、従来、「選考採用（人事院規則八－一二）」の方法により研究公務員に採用することが可能）。また、防衛省職員については、その業務の特殊性を考慮して全面的に外国人を任用できないこととしている。

3．「機関の長、次長、副所長、研究企画官、研究調整官及び支所長等」及び「防衛省職員」（本法第二条第十一項第二号に規定する者）については外国人任用ができない規定となっているが、前者については、政省令で定めるものに限られている。

4．第二項は、欧米では一般的に任期付採用が行われており、研究者本人や研究者の所属する研究機関にとって、予め任期を付した方が我が国の研究機関に来やすい場合もあるので、任期を付すことができることとしている。なお、第二条の研究公務員には、一般職の任期付職員の採用、給与及び勤務時間の特例に関する法律（平成九年法律第六十五号。以下「任期付職員法」という。）及び一般職の任期付研究員の採用及び給与の特例に関する法律（平成十二年法律第百二十五号。以下「任期付研究員法」という。）による任期付職員・研究員が含まれていることから、本条第二項における研究公務員の定義は、第二条の研究公務員から当該任期付職員・研究員を除いたものである。（任期付研究公務員については第十六条解説も参照のこと。）

第三節　人事交流の促進等

（人事交流の促進）

第十五条　国は、研究開発等に係る人事交流の促進により、研究者等の研究開発能力の強化等を図るため、研究開発法人と国立大学法人等との間の人事交流の促進その他の研究開発等に係る人事交流の促進に必要な施策を講ずるものとする。

2　研究開発法人及び国立大学法人等は、必要に応じて、その研究者等が事業者と共にその研究開発の成果の実用化を行うための休暇制度を導入すること、その研究者等が研究開発法人と国立大学法人等との間で転職をしている場合における退職金の算定の基礎となる在職期間についてそれぞれの機関における在職期間を通算すること、その研究者等に退職金の金額に相当する金額を分割してあらかじめ毎年又は毎月給付することその他の研究開発等に係る人事交流の促進のための措置を検討し、その結果に基づき、必要な措置を講ずること等により、その研究開発等に係る人事交流の促進に努めるものとする。

研究現場を活性化させ、より活力ある研究環境を形成するためには、組織の枠を越えた人材の流動化を促進することが極めて重要である。しかし、我が国においては研究開発法人から国立大学法人等へ転職を行った場合、研究開発法人での在職期間は国立大学法人等での在職期間に引き継がれず、退職金算定において研究者等の不利益となっている等の制約から、諸外国に比べて異なる組織間の人事交流が極めて少ないのが現状である。

本条第一項は、国が、研究開発能力の強化等を図るために、異なる組織間の人事交流の促進のために必要な施策を講ずべきことを定めたものである。

第二項は、研究開発法人及び国立大学法人等に対しても同様に人事交流を促進することについて努力義務を課したものである。

なお、「研究者等が事業者と共にその研究開発の成果の実用化を行うための休暇制度」とは、いわゆるサバティカル休暇と呼ばれ、諸外国において導入が進められている制度である。

「研究者等に退職金の金額に相当する金額を分割してあらかじめ毎年又は毎月給付すること」とは、退職金前払い制度と呼ばれる制度であり、人材の流動性を高めるために用いられている制度である。

（労働契約法の特例）

第十五条の二　次の各号に掲げる者の当該各号の労働契約に係る労働契約法（平成十九年法律第百二十八号）第十八条第一項の規定の適用については、同項中「五年」とあるのは、「十年」とする。

一　科学技術に関する研究者又は技術者（科学技術に関する試験若しくは研究又は科学技術に関する開発の補助を行う人材を含む。第三号において同じ。）であって研究開発法人又は大学等を設置する者との間で

期間の定めのある労働契約（以下この条において「有期労働契約」という。）を締結したもの

二　科学技術に関する試験若しくは研究若しくは科学技術に関する開発又はそれらの成果の普及若しくは実用化に係る企画立案、資金の確保並びに知的財産権の取得及び活用その他の科学技術に関する試験若しくは研究若しくは科学技術に関する開発又はそれらの成果の普及若しくは実用化に係る運営及び管理に係る業務（専門的な知識及び能力を必要とするものに限る。）に従事する者であって研究開発法人又は大学等を設置する者との間で有期労働契約を締結したもの

三　試験研究機関等、研究開発法人及び大学等以外の者が試験研究機関等、研究開発法人又は大学等との協定その他の契約によりこれらと共同して行う科学技術に関する試験若しくは研究若しくは科学技術に関する開発又はそれらの成果の普及若しくは実用化（次号において「共同研究開発等」という。）の業務に専ら従事する科学技術に関する研究者又は技術者であって当該試験研究機関等、研究開発法人及び大学等以外の者との間で有期労働契約を締結したもの

四　共同研究開発等に係る企画立案、資金の確保並びに知的財産権の取得及び活用その他の共同研究開発等に係る運営及び管理に係る業務（専門的な知識及び能力を必要とするものに限る。）に専ら従事する者であって当該共同研究開発等を行う試験研究機関等、研究開発法人及び大学等以外の者との間で有期労働契約を締結したもの

2　前項第一号及び第二号に掲げる者（大学の学生である者を除く。）のうち大学に在学している間に研究開発法人又は大学等を設置する者との間で有期労働契約（当該有期労働契約の期間のうちに大学に在学してい

る期間を含むものに限る。）を締結していた者の同項第一号及び第二号の労働契約に係る労働契約法第十八条第一項の規定の適用については、当該大学に在学している期間は、同項に規定する通算契約期間に算入しない。

（参　考）大学の教員等の任期に関する法律（平成九年法律第八十二号）

（労働契約法の特例）

第七条　第五条第一項（前条において準用する場合を含む。）の規定による任期の定めがある労働契約を締結した教員等の当該労働契約に係る労働契約法（平成十九年法律第百二十八号）第十八条第一項の規定の適用については、同項中「五年」とあるのは、「十年」とする。

2　前項の教員等のうち大学に在学している間に国立大学法人、公立大学法人若しくは学校法人又は大学共同利用機関法人等との間で期間の定めのある労働契約（当該労働契約の期間のうちに大学に在学している期間を含むものに限る。）を締結していた者の同項の労働契約に係る労働契約法第十八条第一項の規定の適用については、当該大学に在学している期間は、同項に規定する通算契約期間に算入しない。

本条は、改正法により新たに追加された。研究開発等を担う研究開発法人や大学等においては、

①　有期の研究開発プロジェクトが実施されることが一般的であること

②　研究者等が業績をあげ、能力向上を図ることが五年では困難な場合があること

③　研究者等は、複数の有期雇用契約を繰り返しながら、その過程で多様な研究・教育経験を積み重ねていくことも通常であること

等の実態がある。

しかし、労働契約法第十八条を踏まえてこのような研究者などに対しても五年までの間に無期契約に転換するかの判断が必要とされる場合、

①　研究開発プロジェクト途中での離職につながり、研究開発法人や大学等の研究開発プロジェクトに必要な人材を必要な期間確保することが困難となること

②　五年という期間で研究者などの業績等について適切な評価を行うことが困難な場合があること

③　研究者などが複数の有期雇用契約を繰り返しながらその過程で多様な研究・教育経験を積み重ねていくことによりその能力の向上を図ることが困難となること

等の問題が顕在化することとなった。本条は、このような課題に緊急的に対応していくため、研究現場からの要請などを踏まえ措置したものである。

・第一項について

本項は、平成二四年に改正された労働契約法第十八条においては、有期労働契約を無期労働契約に転換させるための申込みを行うために二以上の有期労働契約の契約期間を通算した期間（以下「通算契約期間」という。）が五年を超えることが必要とされているが、研究開発法人及び大学等の研究者、技術者、いわゆるリサーチアドミニストレーターについては、十年を超えることが必要であるとする特例を定めたものであり、民間企業の研究者などで、

試験研究機関等、研究開発法人、大学等との共同研究開発等に専ら従事する者も同様の扱いとするものである。また、第二条第一項により、本項においては、科学技術に、人文科学のみに係る科学技術も含むこととしている。なお、研究開発法人や大学等が十年をまたず、あるいは五年をまたずに、研究者などとの有期労働契約を無期労働契約に転換することは、本特例により妨げられるものではない。また、本特例は、改正法附則第二条において、国は、改正後の施行状況等を勘案して、今回の特例の対象者の雇用の在り方について検討を加え、その結果に基づいて必要な措置を講ずるものとされている。

第十五条の二第一項第一号の「科学技術に関する研究者又は技術者（科学技術に関する試験若しくは研究又は科学技術に関する開発の補助を行う人材を含む。）」、同項第二号の「科学技術に関する試験若しくは研究若しくは科学技術に関する開発又はそれらの成果の普及若しくは実用化に係る企画立案、資金の確保並びに知的財産権の取得及び活用その他の科学技術に関する試験若しくは研究若しくは科学技術に関する開発又はそれらの成果の普及若しくは実用化に係る運営及び管理に係る業務（専門的な知識及び能力を必要とするものに限る。）に従事する者」の対象は、各研究開発法人、大学等における労働契約の内容、労働実態等の個別具体的な事例に即して判断されるものであるが（※）、同条による労働契約法の特例の対象者と有期労働契約を締結する場合には、相手方が同条に基づく特例の対象者となる旨等を書面により明示し、その内容を説明すること等により、相手方がその旨を予め適切に

※ 労働契約法は、労働契約に係る基本的な民事ルールを定めた法律であり、改正法による特例についても、仮に労働者と使用者との間で紛争が生じた場合、最終的には、労働契約の内容や労働実態などの個別具体的な事例に即して司法判断されることになる。

了知できるようにするなど、適切に運用する必要がある。また、第十五条の二第一項第三号及び第四号に掲げる者についての特例は、事業者において雇用される者のうち、研究開発能力の強化等の観点から特に限定して設けられたものであり、共同研究等に「専ら従事する者」に限定されているものであることに留意する必要がある。

なお、改正法においては、大学の教員等の任期に関する法律（以下「任期法」という。）に基づき任期を定められた教員等（大学、大学共同利用機関法人、独立行政法人大学評価・学位授与機構、独立行政法人国立大学財務・経営センター及び独立行政法人大学入試センターの教員等（教員及び専ら研究又は教育に従事する者））については、常勤・非常勤を問わず、任期法第七条により労働契約法の特例の対象者となることとされている（※）。したがって、研究開発力強化法の対象者となる者であり、同時に、任期法の対象者ともなる者については、研究開発力強化法、任期法の少なくともどちらか一つの法律に基づき手続き等を行えば、改正法による労働契約法の特例が適用されることとなる。このことも十分勘案し、各大学等において適切な対応をとることが必要である。

・第二項について

本項は、いわゆるＴＡ（ティーチングアシスタント）やＲＡ（リサーチアシスタント）等として、大学に在学し

※　任期法については、大学現場の実態として、国公私の設置者の別を問わず、多くの有期労働契約に関して任期法に基づく学内の諸規定を整備しており、今回の改正により混乱が生じないよう、各大学の既存の仕組みに適合させる必要があったことなどから研究開発力強化法と同時に改正することとしたものである。

ている間（原則、「学生の身分を有する間」と解される）に研究開発法人又は大学等を設置する者との間で締結した有期労働契約については、その職種を問わず、通算契約期間に算入されないことを定めたものである。（改正法により、任期法第七条第二項にも同様の規定が設けられている。）

ＴＡやＲＡ等については、教員等から教授・指導を受けているという特別な事情の下で有期労働契約を締結しているものであり、第十五条の二第一項第一号又は第二号の対象となる者とは別の取扱いをすることが適切なためである。

（研究公務員の任期を定めた採用）

第十六条　任命権者は、国家公務員法に基づく人事院規則の定めるところにより、研究公務員の採用について任期を定めることができる。ただし、第十四条の規定の適用がある場合は、この限りでない。

我が国の研究開発能力の強化及び研究開発等の効率的推進のためには、異なる研究主体間の知識・発想の交流が重要であることにかんがみ、国立試験研究機関等への外部の研究者の受入れを円滑に行っていくためには、当該研究者の研究公務員への採用の際に予め任期を定めることが有効であることから、研究公務員について任期付採用を認める旨を規定するものである。（旧研究交流促進法第三条を移行）

人事院規則八－一二（第四十二条から第四十五条）において、すでに国家公務員の任期付任命に係る規定があるが、本条は、研究公務員にも同規則の適用が可能であることを再確認したものである。

また、防衛省の職員については、防衛省の「国防上の機密等重要な秘密と接触する機会が多い」という業務の特殊性により、防衛省の職員として外部の研究者を任期付で採用して研究開発プロジェクトを行うことは考えにくいため、研究公務員のうち第二条第十一項第二号で定める者を除くことによって、除外している（第十四条第二項参照のこと。）。

なお、第十四条の解説でも言及しているとおり、研究公務員には、任期付職員法及び任期付研究員法に基づく任期付職員・研究員が含まれる。研究公務員に関連する法令として、①任期付研究員法、②任期付職員法及び③人事院規則八－一二（第四十二条から第四十五条）の概要並びに、④任期に関する①から③の法令と本法の関連性について整理すると、次のとおりとなる（なお、俸給月額等について、今後変更がありうるので、その都度根拠法を確認されたい）。

〔①任期付職員法〕

・「高度な専門的な知識又は優れた識見を有する者（特定任期付職員）」又は「専門的な知識経験を有する者」が対象

・前者は、最低三七〇、〇〇〇円／月、最高指定職俸給表第八号俸相当額まで給与支払いが可能なほか、特に顕著な業績を挙げたと認められる職員には俸給月額相当額の業績手当を支給することができる。また、一般職の職員の給与に関する法律（昭和二十五年法律第九十五号。以下「給与法」という。）の一部について適用除外措置等がなされている。

・後者は、特例は定められていないため、給与法の一般原則に従うこととなる。
・両者とも、選考・採用に際しては人事院の承認が必要（任期付職員法第三条）。

〔②任期付研究員法〕

・「研究業績等により当該研究分野において特に優れた研究者と認められている者」を「招へい」する場合と、「独立して研究する能力があり、研究者として高い資質を有すると認められる者」の「能力をかん養」する場合がある。
・前者は、最低三九二、〇〇〇円／月、最高指定職俸給表第八号俸相当額まで給与支払いが可能なほか、特に顕著な業績を挙げたと認められる職員には俸給月額相当額の業績手当を支給することができる。また、給与法及び勤務時間・休暇等法の適用除外等措置がなされている。
・後者は、最低三二六、〇〇〇円／月、最高三九〇、〇〇〇円／月で、特に顕著な業績を挙げたと認められる職員には俸給月額相当額の業績手当を支給することができる。
・選考・採用に際して、前者は、人事院の承認が必要であり、後者は、人事院と協議して定めた採用計画に基づかなければならない（任期付研究員法第三条）。

〔③人事院規則八－一二（第四十二条から第四十五条）〕

・一同規則では、任期を定めた任命等について定めるとともに、次に掲げる二通りの任期の範囲を定めている。
・一点目が、いわゆる「プロジェクト任期制」であり、次の考え方を示している。

－特別の計画に基づき実施される研究事業に係る
－五年以内に終了する予定の
－科学技術（人文科学のみに係るものを除く。）に関する高度の専門的知識、技術等を必要とする研究業務であって、
－当該研究事業の能率的運営に特に必要であると認められるものに従事することを職務内容とする官職のうち、採用以外の任用の方法（臨時的任用を除く。）により補充することが困難である官職について、
－当該業務が終了するまでの期間を超えない範囲内の任期で職員を採用することができるとされている。
・二点目として、「三年以内に廃止される予定の官職」に「当該官職が廃止されるまでの期間」を超えない範囲内の任期で採用することが可能であるとしている。
・いずれの場合においても、選考採用・更新に際し、人事院に報告する必要がある（人事院規則八－一二第四十五条）。

〔④任期に関する①から③の法令と本法の関連性〕
・本法で定める研究公務員についても、基本的には、人事院規則八－一二（第四十二条から第四十五条）に基づいて任期が定められることとなる。
・ただし、研究公務員として外国人の任期付任用を行う場合には、第十四条に基づき、人事院規則八－一二において定める任用（「プロジェクト任期制」に則った任用及び「三年以内に廃止される予定の官職」への任用）

以外の任用も可能である。そのため、第十六条に「ただし書き」を設けて、同条と第十四条との整合を図っている。

（研究公務員に関する国家公務員退職手当法の特例）
第十七条　研究公務員が、国及び特定独立行政法人以外の者が国（当該研究公務員が特定独立行政法人の職員である場合にあっては、当該特定独立行政法人。以下この条において同じ。）と共同して行う研究又は国の委託を受けて行う研究（以下この項において「共同研究等」という。）に従事するため国家公務員法第七十九条又は自衛隊法（昭和二十九年法律第百六十五号）第四十三条の規定により休職にされた場合において、当該共同研究等への従事が当該共同研究等の効率的実施に特に資するものとして政令で定める要件に該当するときは、研究公務員に関する国家公務員退職手当法（昭和二十八年法律第百八十二号）第六条の四第一項及び第七条第四項の規定の適用については、当該休職に係る期間は、同法第六条の四第一項に規定する現実に職務をとることを要しない期間には該当しないものとみなす。
2　前項の規定は、研究公務員が国以外の者から国家公務員退職手当法の規定による退職手当に相当する給付として政令で定めるものの支払を受けた場合には、適用しない。
3　前項に定めるもののほか、第一項の規定の適用に関し必要な事項は、政令で定める。

創造的な研究成果をあげるためには、発想、専門、経験の面で異なる多分野・多機関の研究者の連携・協力によって研究を行う必要がある。これらの取り組みを推進し、また、研究者個人もこうした共同研究や委託研究を通じて発想、手法等が豊かになることにより、我が国の創造性豊かな科学技術の振興が期待されるものであるため、研究公務員が休職により退職手当計算上の不利益（原則として休職期間は退職手当の計算上二分の一しか在職期間として計算されない（国家公務員退職手当法第七条第四項））の解消を規定したものである。（旧研究交流促進法第六条を移行）

（研究集会への参加）

第十八条　研究公務員が、科学技術に関する研究集会への参加（その準備行為その他の研究集会に関連する事務への参加を含む。）を申し出たときは、任命権者は、その参加が、研究に関する国と国以外の者との間の交流及び特定独立行政法人と特定独立行政法人以外の者との間の交流の促進に特に資するものであり、かつ、当該研究公務員の職務に密接な関連があると認められる場合には、当該研究公務員の所属する試験研究機関等の研究業務の運営に支障がない限り、その参加を承認することができる。

国の試験研究機関の研究者に対しその独創性を育む観点から、所属する機関の外の発想・知見を学ぶ機会を与えることが重要であり、研究者が研究集会に参加しやすくするために規定するもの。（旧研究交流促進法第五条を移行）

具体的には、以下のとおりである。

1.現に公務として従事している研究開発の成果発表やその遂行に必要な情報収集等（公務として参加する研究集会）の場合以外には、年次休暇を使用して参加せざるを得ず、同時に、研究集会参加中に災害が起こった場合、公務災害補償の対象とはならない。

2.そこで、年次休暇を取らなくても特定の要件を満たす場合には国家公務員法第百一条に定める職務専念義務を免除して、研究集会の参加が可能となるよう措置している。また、研究集会への参加中の災害は原則的に公務災害補償の対象となるように措置されている。

3.なお、今回、近年の分野融合的な研究開発の増加に伴い、異なる分野における研究集会における交流をより促進していく観点から、旧研究交流促進法では「研究集会」のみが対象であったものを、本法では、さらに「その準備行為その他研究集会に関する事務への参加」も対象とすることとしたものである。

第四節　国際交流の促進等

（国際的に卓越した研究開発等の拠点の整備、充実等）

第十九条　国は、国際的視点に立った研究開発能力の強化を図るため、国の資金により行われる研究開発等の実施における卓越した外国人の研究者等の招へい、国際的に卓越した研究開発等に係る環境の整備、一の研究開発等における多数の研究開発機関の研究者等の能力の活用その他の国際的に卓越した研究開発等を行う拠点の整備、充実等に必要な施策を講ずるものとする。

本条は、国が卓越した外国人研究者の招へいを積極的に行うことなどにより、国際的に卓越した研究開発拠点の整備、充実等に必要な施策を講ずることを定めたものである。

（国際的な交流を促進するに当たっての配慮）
第二十条　国は、国の資金により行われる研究開発等に関し国際的な交流を促進するに当たっては、条約その他の国際約束を誠実に履行すべき義務並びに国際的な平和及び安全の維持並びに国際競争力の維持について配慮しなければならない。

本条は、我が国が国際競争力を強化するために海外との交流を積極的に行っていく際に、その交流が逆に我が国の国際競争力を阻害することのないよう、配慮を行うべきことを定めたものである。（旧研究交流促進法第十四条を移行）

具体的には、以下のとおりである。

1．旧研究交流促進法第十四条において、「条約その他の国際約束」及び「国際的な平和及び安全の維持」については、同様の規定が置かれていた。具体的には、国際共同研究を行う際に、我が国が加入している条約と抵触しないようにする等、条約の趣旨や国際関係における我が国の責務等に反することのないよう、特に注意喚起することが必要であった。

2．また、従来「国の研究開発」とあったものを「国の資金による研究開発」と改めた。これは、国の試験研究機関の独立行政法人化や競争的資金の増大に伴い、法人格を持つ、独立行政法人や民間企業による国際共同研究が増加又は増加する見込みであることに対応したものである。

3．さらに本法の趣旨にかんがみ、「国際競争力の維持」についても追加したものである。

4．なお、旧研究交流促進法において、「特別の配慮を払うものとする」と規定されていたところ、本法の他の条文との横並びから、「配慮しなければならない」に変更した。

（国の行う国際共同研究開発に係る特許発明等の実施）
第二十一条　国は、外国若しくは外国の公共的団体又は国際機関と共同して行った研究開発（基盤技術研究円滑化法（昭和六十年法律第六十五号）第四条に規定する基盤技術に関する試験研究を除く。）の成果に係る国有の特許権及び実用新案権のうち政令で定めるものについて、これらの者その他の政令で定める者に対し通常実施権の許諾を行うときは、その許諾を無償とし、又はその許諾の対価を時価よりも低く定めることができる。

国が行う国際共同研究の成果に係る国有特許権又は実用新案権を、国際共同研究の構成員である外国政府等が実施する場合の実施料について、財政法（平成二十二年三月法律第三十四号）第九条の特例として国際慣行に沿って

相互主義に基づき無償又は廉価で実施させることができるよう措置したものである。（旧研究交流促進法第八条を移行）

具体的には、以下のとおりである。

1．我が国においては、国が行う共同研究の場合、相手が外国政府、国際機関等であっても、その成果に係る国有の特許権等は、国有財産として取り扱われるため（国有財産法（昭和二十三年法律第七十三号）第二条）、財政法第九条の適用を受け、法律に特段の定めのない限り無償または低廉の（適正な対価を下回る対価での）実施許諾は不可能となっている。

2．一方、欧米諸国間では、国が行う国際共同研究の成果として生じた特許権等については、相互に無償又は低廉な価格で実施を許諾しあうこととするのが一般的であり、我が国としては、このような国際環境に即応した国際共同研究を実施するため、国の行う国際共同研究開発に係る特許発明等を無償又は廉価で実施させることができるよう措置したものである。

（国の委託に係る国際共同研究開発の成果に係る特許権等の取扱い）

第二十二条　国は、その委託に係る研究開発であって本邦法人と外国法人、外国若しくは外国の公共的団体又は国際機関（第三号において「外国法人等」という。）とが共同して行うものの成果について、産業技術力強化法（平成十二年法律第四十四号）第十九条第一項に定めるところによるほか、次に掲げる取扱いをすることができる。
一　当該成果に係る特許権若しくは実用新案権又は特許を受ける権利若しくは実用新案登録を受ける権利のうち政令で定めるものについて、政令で定めるところにより、その一部のみを受託者から譲り受けること。
二　当該成果に係る特許権又は実用新案権のうち政令で定めるものが国と国以外の者であって政令で定めるものとの共有に係る場合において、当該国以外の者のその特許発明又は登録実用新案の実施について、国の持分に係る対価を受けず、又は時価よりも低い対価を受けること。
三　当該成果に係る国有の特許権又は実用新案権のうち政令で定めるものについて、当該特許に係る発明又は実用新案登録に係る考案をした者が所属する本邦法人又は外国法人等その他の政令で定める者に対し、通常実施権の許諾を無償とし、又はその許諾の対価を時価よりも低く定めること。

国の委託に係る国際共同研究の成果に係る特許権等の取り扱いについて、国にすべて帰属することにされていた（現在、産業技術力強化法により、各省庁が政府資金を供与して行っている委託研究開発に係る知的財産権のすべてを受託企業に帰属させることが可能）ものを、国際慣行に沿って相互主義に基づき以下のような取り扱いができるよう措置したものである。（旧研究交流促進法第九条を移行）

①　当該特許権等について国と受託者が共有する（ただし、受託者の持ち分は五〇％が上限）（第一号）
②　共有者が自己実施する場合、無償又は廉価で実施する（第二号）
③　当該特許権等を国に全て帰属させる場合、受託者に対し、無償又は廉価で通常実施権の許諾を行う（第三号）

具体的には、以下のとおりである。

1. 本条項については、「国の委託研究の成果である特許権等の取扱いについては、我が国の制度が諸外国との制度と異なる」との理由から平成四年の旧研究交流促進法改定時に加えられた条項である。

2. 当時、我が国では、国の委託研究から発生する特許権等については、原則として国有とする取扱いであったが、平成一一年制定の「産業活力の再生及び産業活動の革新に関する特別措置法（以下「産活法」という。）（平成十一年法律第百三十一号）によって国の委託研究成果の民間移転が可能となった。なお、「産活法」（第三十条）に規定されていた日本版バイ・ドール規定は、改正により「産業技術力強化法」第十九条に規定されている。

3. ただし、同法の規定では、特許権等の全部を受託者に留保するか、それとも全部を国が留保するかについての裁量を国に与えており、本条項によって規定する国と受託者とで共有（受託者の持ち分は五〇％が上限）するという裁量はない。

（国の行う国際共同研究開発に係る損害賠償の請求権の放棄）
第二十三条　国は、外国若しくは外国の公共的団体又は国際機関と共同して行う研究のうち政令で定めるものについて、これらの者その他の政令で定める者（以下この条において「外国等」という。）に対し、次に掲げる国の損害賠償の請求権を放棄することができる。

一　当該研究が行われる期間において当該研究の活動により生じた国有の施設、設備、機械器具及び資材の滅失又は損傷に関する外国等に対する国の損害賠償の請求権
二　当該研究が行われる期間において当該研究の活動により国家公務員災害補償法（昭和二十六年法律第百九十一号）第一条第一項又は防衛省の職員の給与等に関する法律第一条に規定する職員につき生じた公務上の災害に関し、国が国家公務員災害補償法第十条、第十二条から第十三条まで、第十五条及び第十八条の規定（防衛省の職員の給与等に関する法律第二十七条第一項において準用する場合を含む。）に基づき補償を行ったことにより国家公務員災害補償法第六条第一項の規定（防衛省の職員の給与等に関する法律第二十七条第一項において準用する場合を含む。）に基づき取得した外国等に対する損害賠償の請求権

国の委託に係る国際共同研究に起因する損害について、財政法八条（国の債権の全部若しくは一部を免除し又はその効力を変更するには、法律に基づくことを要する。）の特例として国際的慣行に沿って相互主義に基づき国の損害賠償請求権を放棄することができるよう措置したものである。（旧研究交流促進法第十条を移行）

具体的には、以下のとおりである。

1．国が行う共同研究の場合、我が国の財政法の下では、国の損害賠償請求権は「国の債権」に該当するため、これを放棄するためには、財政法第八条の規定に従い別途法律に基づく特例措置を講ずることが必要となる。

2．一方、欧米諸国間では、国際共同研究（特に巨額のリスクを負う大規模な共同研究）においては、参加国が相互に損害賠償請求権を放棄することが慣行として行われており、我が国としては、このような国際環境に即

応した国際共同研究を実施するため、国の損害賠償請求権を放棄することができるよう措置したものである。

第五節　研究開発法人における人材活用等に関する方針等

第二十四条　研究開発法人は、内閣総理大臣の定める基準に即して、その研究開発等の推進のための基盤の強化のうち人材の活用等に係るものに関する方針（以下この条において「人材活用等に関する方針」という。）を作成しなければならない。

2　人材活用等に関する方針は、次に掲げる事項について定めるものとする。

一　研究開発等の推進における若年研究者等の能力の活用に関する事項

二　卓越した研究者等の確保に関する事項

三　研究開発等に係る人事交流の促進に関する事項

四　その他研究開発等の推進のための基盤の強化のうち人材の活用等に係るものに関する重要事項

3　研究開発法人は、人材活用等に関する方針を作成したときは、遅滞なく、これを公表しなければならない。これを変更したときも同様とする。

4　研究開発法人は、人材活用等に関する方針に基づき、その人材の活用等に係る研究開発等の推進のための基盤の強化を図るものとする。

5　国立大学法人等は、研究者等の自主性の尊重その他の大学等における研究の特性に配慮しつつ、必要に応じて、前各項の規定による研究開発法人の人材の活用等に係る研究開発等の推進のための基盤の強化に準じ、その人材の活用等に係る研究開発等の推進のための基盤の強化を図るよう努めるものとする。

本条は、研究開発法人に、研究開発法人が実施する人材の活用等に係る研究開発等の推進のための基盤の強化を図るための方針を作成し、公表することを義務付けるものである。

また、研究開発法人と並んで国の資金による研究開発に大きな役割を果たす国立大学法人等については、大学の自治等に配慮し、その自主的な取り組みに期待することとし、基本方針の策定については、義務付けは行わないものの研究開発法人に準じた取り組みを行う努力義務を課した。

なお、本条において「人材」との用語を用いたのは、本条の対象は主に研究者等であるが、産学連携やプログラムマネージャーなど研究者等でない人材も含め、その活用等を図っていくこともその内容として予定しているためである。

本条第一項にある「内閣総理大臣の定める基準」については、内閣府より発出された、「研究開発システムの改革の推進等による研究開発能力の強化及び研究開発等の効率的推進等に関する法律第二十四条第一項に規定する『内閣総理大臣の定める基準』について（通知）」（二〇府政科技第七八三号）により、関係府省に通知された。

第三章　競争の促進等

（競争の促進）
第二十五条　国は、研究開発等に係る競争の促進を図るため、国の資金により行われる研究開発における公募型研究開発（国の資金により行われる研究開発であって公募によるものをいう。以下同じ。）の更なる活用その他の研究開発機関相互間及び研究者等相互間の公正な競争の促進に必要な施策を講ずるものとする。

本条は、研究開発等に係る競争の促進を通じて、研究開発能力の強化が図られ、国の資金により行われる研究開発が効率的に推進されることから、国が、研究開発機関等相互間及び研究者等相互間の公正な競争の促進に必要な施策を講ずべきことを定めたものである。

（公募型研究開発に係る資金の統一的な使用の基準の整備）
第二十六条　国は、公募型研究開発の効率的推進を図るため、異なる種類の公募型研究開発に係る資金について、可能な限り、統一的な使用の基準の整備を行うものとする。

本条は、近年、さまざまな種類の競争的資金制度が創設されたが、その資金の使用方法について制度ごとに異なる（年度繰越の容易さ、費目間流用の割合の制限など）部分があることが、効率的な研究開発の推進を阻害しているとの声があることから、公募型研究開発に係る資金を効率的に推進するための施策として、その活用の障害となっている使用に係る異なる基準について、可能な限り、国がその統一的な整備を行うことを定めたものである。

（独立行政法人への業務の移管等）
第二十七条　国は、公募型研究開発の効率的推進を図るため、公募型研究開発に係る業務の全部又は一部を独立行政法人に移管することが公募型研究開発の効率的推進に資すると認めるときは、可能な限り、これを独立行政法人に移管するものとする。
2　公募型研究開発に係る業を行う独立行政法人は、その完了までに数年度を要する公募型研究開発を委託して行わせる場合において、可能な限り、数年度にわたり研究開発を行わせる契約を受託者と締結すること等により公募型研究開発に係る資金の効率的な使用が図られるよう努めるものとする。

本条第一項は、公募型研究開発に係る業務を国から独立行政法人へ移管して、その効率的な実施を図るという独立行政法人制度創設の精神を踏まえ、可能な限り、上記のような役割を担う独立行政法人を、公募型研究開発に係る事務の全部又は一部の実施主体とし、専門的な人材によるやマネジメント、複数年度契約など柔軟な資金の運用を可能とするものである。

なお、本規定において、対象を「研究開発法人」ではなく、「独立行政法人」としたのは、「研究開発法人」ではない独立行政法人に業務を移管することも排除するものではないためである。

さらに、第一項において、「一部又は全部」としたのは、公募型研究開発のうち、課題の審査や経理事務など業務の一部のみを独立行政法人に行わせることも想定されることから、このような規定としたものである。

＊「イノベーション25」（平成一九年六月一日閣議決定）においても、本規定と同趣旨の事項を規定。

【参考】「イノベーション25」

第5章「イノベーション立国」に向けた政策ロードマップ

1．社会システムの改革戦略

・競争的資金の拡充・見直し

競争的環境下において、基礎研究を強化するとともに、最先端でハイリスクな研究を推進するため、以下の取り組みを行う。

研究活動の効率化（ひいては資金使用の効率化及び研究成果の拡大にも寄与）にも資する観点から、独立行政法人がその能力を発揮しやすい環境の整備をした上で、競争的資金の配分機能を原則として配分機関である独立行政法人に移行させることにより研究費の複数年契約を拡大する等、年度を越えた使用の円滑化を推進。

第二項は、公募型研究開発を他者に委託して行わせる独立行政法人に対して、その公募型研究開発の際の複数年度契約等による資金の効率的な使用を図るよう努力義務を課すことを定めたものである。

第四章　国の資金により行われる研究開発等の効率的推進等

第一節　科学技術の振興に必要な資源の柔軟かつ弾力的な配分等

（科学技術の振興に必要な資源の柔軟かつ弾力的な配分等）
第二十八条　国は、研究開発能力の強化を図るため、我が国の国際競争力の強化等の重要性に鑑み、科学技術に関する内外の動向、多様な分野の研究開発の国際的な水準等を踏まえ、効率性に配慮しつつ、科学技術の振興に必要な資源の柔軟かつ弾力的な配分を行うものとする。
2　国は、前項に定めるもののほか、我が国及び国民の安全に係る研究開発等並びに成果を収めることが困難であっても成果の実用化により極めて重要なイノベーションの創出をもたらす可能性のある革新的な研究開発を推進することの重要性に鑑み、これらに必要な資源の配分を行うものとする。
3　国は、第一項の場合において、我が国及び国民の安全又は経済社会の存立の基盤をなす科学技術については、長期的な観点からその育成及び水準の向上を図るとともに、科学技術の振興に必要な資源の安定的な配分を行うよう配慮しなければならない。

4　国は、第一項の場合において、公募型研究開発とそれ以外の国の資金により行われる研究開発のそれぞれの役割を踏まえ、これらについて調和のとれた科学技術の振興に必要な資源の配分を行うこと等により、これらが互いに補完して、研究開発能力の強化及び国の資金により行われる研究開発等の効率的推進が図られるよう配慮しなければならない。

本条第一項は、研究開発能力の強化を図るため、国が内外の動向等を踏まえた柔軟かつ弾力的な科学技術の振興に必要な資源の配分を行うものとすることを定めたものである。

第二項は、我が国及び国民の安全に係る研究開発等及びいわゆるハイリスク研究についても、その重要性に鑑み、必要な資源の配分を行うものとすることを定めたものであり、改正法により、新たに追加されたものである。「我が国及び国民の安全に係る研究開発」とは、具体的には、安全で安心して暮らせる社会の形成、災害、貧困その他の人間の生存及び生活に対するさまざまな脅威の除去、国際社会の平和及び安全の確保並びに我が国の安全保障等に係る研究開発を想定しており、防衛、防災、減災や、国民の健康、安全、安心社会の形成等も含むものである。例としては、領海の監視や気象、災害等の監視のための情報収集技術の開発や、テロ防止のためのバイオテロ物質検知機の開発といったものが挙げられる。これらについて、経済原理によらない研究開発の実用化の途を作っていくことを狙いとして設けられたものである。

「成果を収めることが困難であっても成果の実用化により極めて重要なイノベーションの創出をもたらす可能性

のある革新的な研究開発」とは、いわゆる「ハイリスク研究」を指している。

研究開発によっては、長期的には、投資した分に見合う利益が回収できると見込まれるものであっても、民間企業における短期的な投資回収サイクルの中では、リスクが高すぎて実施できない場合があり、そうした研究開発であっても、国による積極的な関与、支援の下、例えば、インターネットやGPS、ワクチンの開発などのように、社会の在り方を一変させるようなインパクトのある成果を生み出してきたことが、近年、改めて強く認識されるようになった。また、研究開発の投資効果は、研究開発成果の実現性と、そのインパクトの積として捉えられるべきであり、実現性が低いハイリスク研究であっても、それに見合うハイリターンが望めるのであれば、果敢に挑戦すべきという機運も高まっている。一方で、研究開発投資に対する回収という経済原理の観点が強調されて研究開発資源の配分がなされてきた面があることにより、市場性や産業化という部分に資源配分が偏り、すばらしい研究開発のシーズがあったとしても、その実用化のためには基本的に産業化を目指さざるを得なかった。

こうした現状を踏まえ、実用化により極めて重要なイノベーションの創出につながるような研究開発については、たとえ、成果獲得の短期的な見通しが困難なものや、商業的な観点からは実用化の可能性が低いものについても、研究開発の実用化の途を作っていくことを狙いとして設けられたものである。

第三項は、「我が国及び国民の安全」の基盤をなす科学技術や、エネルギー安全保障等に不可欠な科学技術など経済社会の存立の基盤をなす科学技術については、簡単に貨幣価値などの数字で効用を示すことができなくとも、国家としてプライオリティが高いものであることから、国が安定的な科学技術の振興に必要な資源の配分を行うよう配慮しなければならないことを定めたものである。なお、今回、改正法で「我が国及び国民の安全」という文言を追記したが、これは、諸外国では、こうした分野におけるハイリスク研究等が国及び国民の安全の確保のために有効に機能していることに加え、革新的なイノベーションをもたらす重要な道すじとなっていることに鑑みて、従来の経済社会の存立の基盤をなす科学技術のみならず、我が国及び国民の安全の基盤をなす科学技術についても、長期的な観点から、安定的に、科学技術の振興に必要な資源の配分を行うべきとの考えに基づくものである。

第四項は、国が科学技術の振興に必要な資源の配分を行う際には、主に短期で機動的な資源投入に適し、競争的環境を促進するという性格を有する公募型研究開発とそれ以外の研究開発（主に長期で安定的資源投入に適した基盤的資金による研究開発）との役割の違いを踏まえて、互いに補完して国は研究開発等の効率的推進が図られるよう配慮しなければならないことを定めたものである。

（会計の制度の適切な活用等）
第二十九条　国、研究開発法人及び国立大学法人等は、国の資金により行われる研究開発等の効率的推進を図るため、国の資金により行われる研究開発等において、研究開発等に係る経費を翌年度に繰り越して使用することその他の会計の制度の適切な活用を図るとともに、その経理事務の合理化を図るよう努めるものとする。

本条は、国、研究開発法人、国立大学法人等が主に自ら研究開発等を行う場合において、繰越制度の活用などの会計制度の適切な活用を図るとともに、その経理事務の合理化を図るよう努力義務を課したものである。

（国の資金の不正な使用の防止）
第三十条　国は、研究開発等に係る国の資金の不正な使用の防止が国の資金により行われる研究開発等の効率的推進に極めて重要であることにかんがみ、その防止のための体制の強化を図るために必要な施策を講ずるものとする。

本条は、近年の研究費不正問題等を踏まえ、国が、研究開発等に係る国の資金の不正な使用を防止するための体制強化に必要な施策を講ずべきことを定めたものである。

第二節　研究開発法人及び大学等の研究開発能力の強化等

（事業者等からの資金の受入れの促進等）
第三十一条　国は、研究開発法人及び大学等の事業者との連携を通じた研究開発能力の強化並びにこれらの経営努力の促進等を図るため、事業者と共同して又はその委託を受けて行う研究開発等に関し事業者から提供される資金その他の事業者等からの資金（国の資金であるものを除く。以下この条において単に「事業者等からの資金」という。）により行われる研究開発等が国の資金により行われる研究開発等とあいまってこれらの研究開発能力の強化に資するものとなるよう配慮しつつ、これらによる事業者等からの資金の受入れ及び事業者等からの資金により行われる研究開発等の促進に必要な施策を講ずるものとする。
2　研究開発法人及び大学等は、その研究開発等について、事業者等からの資金により行われる研究開発等が国の資金により行われる研究開発等をあいまってその研究開発能力の強化に資するものとなるよう配慮しつつ、事業者等からの資金の受入れ及び事業者等からの資金により行われる研究開発等の推進に努めるものとする。

本条第一項は、外部資金の取得により必然的に生じる事業者との連携強化、研究資金の増大等による効率的推進のため、国が研究開発法人及び大学等への外部資金の受け入れの促進に必要な施策を講ずべきことを定めたものである。

特に現在、研究開発法人に対して自己収入を取得すると運営費交付金が削減される運用等となっているなど、自己収入獲得のインセンティブを大きく阻害されていたこと、我が国の研究開発法人の自己収入は海外と比べても極めて少ないことから、第一項は、国が研究開発法人等への外部資金の受け入れの促進に必要な施策を講ずべきことを定めたものである。

第二項は、外部資金による研究開発等と国の資金による研究開発等があいまって、研究開発法人等の研究開発能力の強化に資するものとなるよう、研究開発法人に対して外部資金の受け入れについての努力義務を課したものである。

なお、共同研究、受託研究などを例示した趣旨としては、特に国立大学法人等においては、自己収入として授業料や病院収入が存在するものの、そのようなものではなく、主に事業者との共同研究、受託研究やそれに類するもののような産学連携による研究開発の推進等に基づく収入等を確保すべきことを示すためである。また、「事業者等」と規定したのは、事業者以外の個人からの寄附なども想定されることから、このようにしたものである。

本条を受け、発出された「研究開発法人の運営費交付金算定に係る自己収入の取扱いについて」（平成二〇年一〇月二一日、内閣府政策統括官（科学技術政策・イノベーション担当）付参事官（総括担当）、文部科学省科学技術・学術政策局政策課）により、「研究開発法人の自己収入増大へ向けた経営努力について、毎年度の予算編成過程において、政策係数等を通じた適切な対応が財務省において図られるよう各府省において取り組まれたい。」と各府省に通知された。

※ 平成二七年現在、「独立行政法人・中期計画の予算等について」（平成一二年四月中央省庁等改革推進本部事務局（平成二六年九月 総務省行政管理局修正））において、独立行政法人の運営費交付金の定め方としては、次のように例示されている。

［例1］

一定の前提の基に中期目標の期間中、法人の行うべき業務に相当する事務・事業に要する費用を見積り、運営費交付金額とする方法（消費者物価指数等を活用し、各年度の必要額を補正。）。自己収入が想定される場合は、その額を控除する（収支差額）。

（研究開発法人の自律性、柔軟性及び競争性の向上等）

第三十二条　国は、研究開発法人が研究開発能力の強化及び国の資金により行われる研究開発等の効率的推進並びにイノベーションの創出のための極めて重要な基盤となっていること、研究開発法人における卓越した研究者等の確保が著しく重要になっていること等にかんがみ、研究開発法人について、その運営の効率化を図りつつ、柔軟かつ弾力的に科学技術の振興に必要な資源の確保を図るとともに、その自律性、柔軟性及び競争性の更なる向上並びに国の資金により行われる研究開発等の推進におけるその能力の積極的な活用を図るために必要な施策を講ずるものとする。

2　国は、大学等が研究開発能力の強化及び国の資金により行われる研究開発等の効率的推進並びにイノベーションの創出のための極めて重要な基盤となっていること、大学等における卓越した研究者等の確保が著しく重要になっていること等にかんがみ、大学等について、柔軟かつ弾力的に科学技術の振興に必要な資源の確保を図るとともに、国の資金により行われる研究開発等の推進におけるその能力の積極的な活用を図るために必要な施策を講ずるものとする。

研究開発法人は、国の基本方針に基づき、リスクが高く、または大規模で長期的な取り組みを要求される等、民間で実施することが困難な研究開発活動を基礎から応用までさまざまな分野で実施するとともに、大学などでの基礎研究から生まれたシーズの育成や研究開発の成果を民間へ橋渡しするなど、イノベーションの創出に際して大きな役割を担っている。そのようなイノベーションの創出を目的とした政策目的基礎研究や企業化開発を中心として行うトップダウン型資金配分がなされている研究開発法人と、学術の振興を目的として研究者の自由な発想に基づく研究開発等を中心として行うボトムアップ型の資金配分がなされている大学等の強化は、我が国の研究開発能力を高め、イノベーションの創出を図るために重要な機関である。

本条は、上記のような研究開発法人及び大学等の特性にかんがみ、国が、それらに対する柔軟かつ弾力的な科学技術の振興に必要な資源の確保を図るとともに、国の資金により行われる研究開発等においては、その他にも国の直接執行による研究開発、試験研究機関による研究開発などが存在するが、その中でも高い能力を保有し、研究開発費の割合等においても最も大きな割合を占める研究開発法人、大学等の能力の更なる積極的な活用を図るための措置等を講ずべきことを定めているものである。

なお、国立大学法人だけでなく、私立大学も事実上、私学助成金がその運営に大きな役割を果たしているなど、国の税金による研究開発等において重要な役割を果たしていることから、国立大学法人等のみならず、私学も含め、大学等全般について規定したものである。

（迅速かつ効果的な物品及び役務の調達）

第三十二条の二　国は、研究開発法人及び大学等の研究開発能力の強化を図るため、研究開発法人及び大学等が研究開発等の特性を踏まえて迅速かつ効果的に物品及び役務の調達を行うことができるよう必要な措置を講ずるものとする。

本条は、研究開発法人及び大学等における物品及び役務の調達に関し、国として講ずるべき措置として、改正法により新たに追加されたものである。

研究開発は常に最先端の競争であるため、一般的な常用備品等の調達事務と比べ、より迅速性が重要である。また、研究開発はその専門性ゆえに、当該研究に特化した専門的な機器を必要とする場合も少なくない。これらを始めとする研究開発等の特性（迅速性、専門性、予見不可能性、不確実性等）にもかかわらず、独立行政法人という横並びで一般競争入札の原則が過度に強調して運用されることにより、

①機微な仕様を公開することによる技術流出

②調達先と培ってきた協力関係の破綻

③一者応札を回避するための様々な方策（仕様の緩和、公告期間の拡大、納期の拡大等）をとらざるをえないことによる競争性の追求による研究パフォーマンスの低下や事務コストの増加（特に、研究者が、仕様書作成や入札説明会対応、技術審査対応といった手続きなどに忙殺されて、本来の業務である研究開発に集中できないという問題）

④入札手続き期間における研究の遅延による国際競争からの脱落

等の弊害が指摘されてきたところである。

従来、研究開発法人に対しては、他の独立行政法人と一律的に、「独立行政法人整理合理化計画の策定に係る基本方針」（平成一九年八月一〇日閣議決定）等により「随意契約見直し計画」の策定が義務づけられており、その策定の際に、上記研究開発等の特性への配慮が十分なされないため、研究開発法人は随意契約を過度に減らす計画を強いられるものの、結果としては一者応札の契約へとスライドしているに過ぎないのが実態であった。また、会

計法令においては、例外的に、

①契約の性質・目的が競争を許さない場合

②緊急の必要により競争に付することができない場合

③競争に付することが不利と認められる場合

等、随意契約によることができる場合を定めているが、個々の案件について、こうしたケースに該当するか法人内部で厳格に審査を行う必要があり、そのための事務的コストや時間的コストが甚大なものとなっている（契約案件の予定価格が、随意契約によることができる限度額以内であれば、他の条件を必要以上に厳密に審査することなく、随意契約とすることができる。よって、限度額が引き上げられれば、随意契約に係る審査の事務的コストや時間的コストの大幅な軽減となる）。

また、「独立行政法人整理合理化計画」（平成一九年一二月二四日閣議決定）により、「独立行政法人の契約は、原則として一般競争入札等（競争入札及び企画競争・公募をいい、競争性のない随意契約は含まない。以下同じ。）によることとし、各独立行政法人は、随意契約によることができる限度額等の基準について、国と同額の基準に設定するよう本年度中に措置する。」等とされている。これにより、研究開発法人においては、一般競争入札とする基準が、物品の製造に関しては二五〇万円、財産の買い入れに関しては一六〇万円、その他役務に関しては一〇〇万円となっており、物品やサービスの調達基準が米国　一五万ドル（連邦政府調達規定）、欧州　一三万ユーロ（EU公共調達指令）となっていることに比して、迅速かつ効果的な調達が十分に実現されていないと言わざるをえない面がある。また、大学等についても、独立行政法人における随意契約の適正化に関して、適正化の直接の対象ではないにもかかわらず、国立大学法人化以後もその趣旨の周知がなされるなどにより、実態として、たとえば、物品調達等の基準が五〇〇万円以上である大学はごく一部にすぎないという状態にある。

他方、国際的な調達環境に関しては、ＷＴＯ（世界貿易機関）の「政府調達に関する協定」（以下、「ＷＴＯ政府調達協定」と言う。）の制約下に置かれている。これは、政府機関等による産品の調達に内国民待遇の原則（他の締約国の産品及び供給者に与える待遇を自国の産品及び供給者に与える待遇と差別しないこと）、及び無差別待遇の原則（他の締約国の産品及び供給者であって締約国の産品を提供するものに与える待遇をそれ以外の締約国の産品及び供給者に与える待遇と区別しないこと）を定めたもので、例えば一般的な物品調達に関しては、一三万ＳＤＲ（各国規定で日本　一六〇〇万円、米国　二〇万二〇〇〇ドル（一ドル＝一〇〇円で換算した場合、約二〇〇〇万円）、欧州　一三万ユーロ（一ユーロ＝一三五円で換算した場合、約一七五〇万円））以上に適用される。ここまでは各国間の公平性が一定程度保たれているものの、我が国ではさらに自主的措置（アクション・プログラム。以下、「ＡＰ」と言う。）により、一般的な物品調達の場合、基準額を一〇万ＳＤＲ（邦貨換算で一二〇〇万円）に引き下げるとともに、公告期間の延長（四〇日以上から五〇日以上へ）等が行われている。独立行政法人は一部を除きＷＴＯ政府調達協定の適用を受ける「政府機関等」に含まれ、よって研究開発法人もＡＰに従った調達をせざるを得ない。その結果、熾烈な競争環境下で世界最先端の研究開発を行っているにも関わらず、その調達手続きに関しては諸外国と比して明確に不利な条件を強いられている状況となっており、科学技術イノベーションの促進という観点からは甚だ不適切と言わざるを得ない。

これらの問題認識のもと、研究開発能力の強化を図るため、研究開発法人及び大学等が研究開発等の特性を踏まえて迅速かつ効果的に物品及び役務の調達を行うことができるよう、今後、特に、国際標準も踏まえ、随意契約によることができる限度額等の基準の在り方やＡＰの取扱いを検討するといった、政府が閣議決定の見直しや運用の改善・弾力化を行うことで、国が、国際競争力の確保のために必要な措置を講ずるものとすることを定めたものである。（本項の金額はいずれも平成二五年一一月現在）

○「独立行政法人整理合理化計画」（平成一九年一二月二四日閣議決定）

1．独立行政法人の効率化に関する措置

（1）随意契約の見直し

①独立行政法人の契約は、原則として一般競争入札等（競争入札及び企画競争・公募をいい、競争性のない随意契約は含まない。以下同じ。）によることとし、各独立行政法人は、随意契約によることができる限度額等の基準について、国と同額の基準（※）に設定するよう本年度中に措置する。

②各法人が策定する随意契約見直し計画において、独立行政法人全体で、平成一八年度に締結した競争性のない随意契約一兆円のうち、約七割（〇・七兆円）を一般競争入札等に移行することとしており、これらを着実に実施することにより、競争性のない随意契約の比率を国並みに引き下げる。

（※）例えば、国における、買い入れの随意契約の限度額は一六〇万円

○独立行政法人改革等に関する基本的な方針（平成二五年一二月二四日閣議決定）

5．研究開発型の法人への対応

（1）研究開発型の法人に共通に講ずるべき措置

・研究開発等に係る物品及び役務の調達に関する契約等に係る仕組みを改善し、各法人は、主務大臣や契約監視委員会によるチェックの下、一般競争入札等を原則としつつも、研究開発業務を考慮し、総務省が示す随意契約によることができる具体的ケースを踏まえ、随意契約によることができる事由を会計規程等において明確化し、公正性・透明性を確保しつつ合理的な調達を可能とする。

総務省は、特殊で専門的な研究開発機器の調達であり相手方が特定される場合や緊急的な調達など、随意契約によることができる具体的なケースを各法人に示して、調達の合理化の取組を促進する。また、現行の随意契約見直し計画の枠組みや契約実績の公表について見直しを行い、調達に関する新たなルールを策定する。

日米欧の調達制度の特徴：少額随意契約基準

日本			米国	欧州
研究開発法人	主な国立大学			
	東大、京大、阪大	北大、東北大、名大、九大		
国の会計法規は本来適用されないが、「独立行政法人整理合理化計画」(平成19年12月24日）により、国と同額の基準※に設定することとされている。 ※「予算決算及び会計令」(最終改正は昭和49年) 物品の製造：250万円 財産の買い入れ： 160万円 その他役務：100万円	物品調達等：1,000万円 ただし、基準額未満であっても、予定価格が500万円以上の場合には、一般競争入札と同じく公告を行って参加を希望する者からの見積書提出により契約の相手方を決定する方法を採用。	物品調達等：500万円	「連邦政府調達規定」(Federal Acquisition Regulation: Code of Federal Regulations Title 48）により定められている。 物品調達・サービス： 150,000ドル	「EU公共調達指令」※により定められている。 ※各国の国内法に優先して適用される。 物品調達・サービス： 130,000ユーロ

＊国立大学については、平成27年2月　各大学ホームページ調べ
＊米国・欧州については、森田康夫、佐渡周子「海外における公共調達」 国土技術政策総合研究所資料　第772号　2014年1月　参照

（簡素で効率的な政府を実現するための行政改革の推進に関する法律の運用上の配慮）

第三十三条　研究開発法人の研究者に係る簡素で効率的な政府を実現するための行政改革の推進に関する法律（平成十八年法律第四十七号）第五十三条第一項の規定の運用に当たっては、同法の基本理念にのっとり研

究開発法人の運営の効率化を図りつつ、研究開発能力の強化及び国の資金により行われる研究開発等の効率的推進が図られるよう配慮しなければならない。

本条は、研究開発法人の研究者の人件費について、簡素で効率的な政府を実現するための行政改革の推進に関する法律（平成十八年法律第四十七号）（以下「行政改革推進法」という。）第五十三条の規定の運用に当たっては、研究開発能力の強化及び国の資金により行われる研究開発等の効率的推進が図られるよう配慮しなければならないことを定めたものである。

具体的には、行政改革推進法第五十三条は、独立行政法人等に対して、その人件費の総額について、平成一八年度以降の五年間で、平成一七年度における額から五％以上を削減することを求めている。当該人件費の中には、事務職員のみならず、研究者も含まれていることから、こうした人件費の一律削減が研究開発能力の強化を阻害する要因となっていたのである。

米国の「競争力強化法」における、国立科学財団（ＮＳＦ）、エネルギー省（ＤＯＥ）、国立標準技術研究所（ＮＩＳＴ）の予算の大幅な増加や、中国の「国家中長期科学技術発展計画（二〇〇六年二月公表）」における研究開発費の対ＧＤＰ比の二・五％への倍増など、諸外国においては「科学技術強国」への基礎確立のための施策を強力に展開している。そのような各国の状況を踏まえ、我が国においても、研究開発法人の研究開発能力が縮小されることのないよう研究者等の人件費を確保するために必要な特例措置を行うための根拠条文を置いたものである。

本条を受けた具体的運用としては、「独立行政法人における総人件費改革について」（平成二〇年八月二七日行政改革推進本部事務局、総務省行政管理局、財務省主計局）において、研究開発法人における任期付研究者のうち、以下に該当する者に係る人員及び人件費については、行政改革の重要方針及び行革推進法に基づく、総人件費改革の取組の削減対象の人員及び人件費からは除くこととされた。

（1）国からの委託費及び補助金により雇用される任期付研究者

（2）運営費交付金により雇用される任期付研究者のうち、国策上重要な研究課題（第三期科学技術基本計画（平成一八年三月二八日閣議決定）において指定されている戦略重点科学技術をいう。）に従事する者及び若手研究者（平成一七年度末において三七歳以下の研究者をいう。）

※ただし、上記（2）に該当する研究者の雇用が無制限に拡大することがないよう、行革推進法の人件費改革期間中、各研究開発法人の役職員（「公的部門における総人件費改革について（独立行政法人関係）」（平成一八年二月一四日、行政改革推進本部事務局、総務省行政管理局及び財務省主計局）及び「独立行政法人における総人件費改革について」（平成二〇年二月一四日、同）において総人件費改革の取組の削減対象から除かれている者並びに上記（1）に該当する者を除く。この場合において、上記（2）に該当する者は含まれる。）の数又はこれらに係る人件費の額は、平成一七年度の相当する役職員の数又はこれらに係る人件費の額を超えないものとする。

第三節　研究開発等の適切な評価

第三十四条　国は、国の資金により行われる研究開発等の適切な評価が研究開発能力の強化及び当該研究開発等の効率的推進に極めて重要であることに鑑み、研究者等の事務負担が過重なものとならないよう配慮しつつ、当該研究開発等について、国際的な水準を踏まえるとともに、新規性の程度、革新性の程度等を踏まえて適切な評価を行い、その結果を科学技術の振興に必要な資源の配分の在り方その他の国の資金により行われる研究開発等の推進の在り方に反映させるものとする。

2　国は、国の資金により行われる研究開発等の適切な評価が研究開発能力の強化及び当該研究開発等の効率的推進に極めて重要であることに鑑み、研究開発等の評価に関する高度な能力を有する人材の確保その他の取組を支援するために必要な施策を講ずるものとする。

3　研究開発法人及び国立大学法人等は、その研究者等の事務負担が過重なものとならないよう配慮しつつ、その研究開発等及びその研究者等の研究開発能力等の適切な評価を行うよう努めるものとする。

研究開発能力の強化及び研究開発等の効率的推進のためには、現在の研究開発活動を随時見直し、改善していくことが極めて重要である。そのため、本条第一項は、国が、国の資金により行われる研究開発等について適切な評価を行い、その結果を予算配分等に反映させるべきことを定めたものである。さらに、評価を行うにあたっては、改正法により、国際的な水準を踏まえるとともに、新規性の程度、革新性の程度等を踏まえることが新たに規定された。

第二項は、戦略的な研究開発プロジェクトの推進のためには、高度な専門性をもって、優れた人材や技術シーズ等を見いだす、いわゆる「目利き」の存在が欠かせないとの課題認識のもと、改正法により、新たに、研究開発等の評価に関する高度な能力を有する人材の確保その他の取組を支援するために国が必要な施策を講ずるものとすることが新たに定められたものである。

第三項は、研究開発法人及び国立大学法人等に対し、研究開発法人及び国立大学法人等の研究開発等並びに研究者等の研究開発能力等の適切な評価を行うことについて努力義務を課したものである。

第五章　研究開発の成果の実用化の促進等

第一節　研究開発施設等の共用の促進等

（研究開発施設等の共用及び知的基盤の供用の促進）

第三十五条　国は、研究開発に係る施設及び設備（以下この条において「研究開発施設等」という。）の共用並びに研究材料、計量の標準、科学技術に関する情報その他の研究開発の推進のための知的基盤をなすもの

（以下この条において「知的基盤」という）の供用の促進を図るため、国、研究開発法人及び国立大学法人等が保有する研究開発施設等及び知的基盤のうち研究者等の利用に供するものについて、研究者等が当該研究開発施設等及び知的基盤を利用するために必要な情報の提供その他の当該研究開発施設等及び知的基盤を広く研究者等の利用に供するために必要な施策を講ずるものとする。

2　研究開発法人及び国立大学法人等は、その保有する研究開発施設等及び知的基盤のうち研究者等の利用に供するものについて、可能な限り、広く研究者等の利用に供するよう努めるものとする。

第一項は、科学技術に関する試験、研究又は開発を行う施設や知的基盤の共用または供用の促進を図るため、国が、国等の研究開発機関等が有する施設や知的基盤のうち、研究等を行う者の利用に供するものについて、研究等を行う者が施設や知的基盤を利用するために必要な情報の提供等の措置を講ずることを定めたものである。

第二項は、研究開発法人及び国立大学法人等も同様にそれらの者が設置する研究開発施設等を広く研究者等の利用に供することについて努力義務を課したものである。

具体的には、以下のとおりである。

1．研究開発を効率的に推進するためには、研究開発法人や国立大学法人等が有する研究開発施設や知的基盤の整備とともに、それが広く供用されることが重要である。

2．研究開発成果の経済社会での活用の円滑化を図る上では、研究開発法人や国立大学法人等が有する研究開発施設の共用や、研究開発により生み出した研究成果を蓄積・体系化し、広く利用に供することを可能とする知的基盤の実現が重要である。これを踏まえ、本条では、研究開発法人や国立大学法人等が有する研究開発施設と知的基盤の共用及び供用を規定している。

3．旧研究交流促進法では、施設のみをその対象として規定していたところであるが、研究者等への利用に供するものとしては、設備やデータベースなどの知的基盤などが存在し、それらを広く供用していくことも施設の共用に劣らず重要であることから、それらも含めた形とした。

なお、本条、第三十六条及び第三十七条（旧研究交流促進法）では、国の試験研究機関が保有する施設や土地の廉価使用等を規定している。

【参考】

「供用」と「共用」の違い

「共用」とはある物を二人以上の者が共同で利用すること、「供用」とはある物をその用途で利用させる状態にすることである。

施設や設備については、それらを保有する機関と他機関の研究者等が同一の施設や設備を利用するという形態が多いと想定されることから、従来どおり、「二人以上が共同で利用すること」を意味する「共用」を用いた。

一方、知的基盤とされている遺伝子組み換えマウスやｉＰＳ細胞などの研究材料は、通常は各研究者がそれぞれ異なる単体を利用することから、二人以上の研究者が共同で利用することはほとんどなく、「知的基盤を共用する」といった表現は不適当であることにかんがみ、本条では知的基盤を「利用させる状態にすること」を意味する「供用」を用いることとした。

（国有施設等の使用）

第三十六条　国は、事業者の研究開発能力の強化等を図るため、政令で定めるところにより、国が現に行っている研究と密接に関連し、かつ、当該研究の効率的推進に特に有益である研究を行う者に対し、その者がその研究のために試験研究機関等その他の政令で定める国の機関の国有の試験研究施設を使用して得た記録、資料その他の研究の結果を国に政令で定める条件で提供することを約するときは、当該試験研究施設の使用の対価を時価よりも低く定めることができる。

2　国は、事業者の研究開発能力の強化等を図るため、政令で定めるところにより、国以外の者であって、試験研究機関等その他の政令で定める国の機関と共同して行う研究に必要な施設を当該機関の敷地内に整備し、当該施設においてその研究を行おうとするものに対し、その者が当該施設において行った研究により得た記録、資料その他の研究の結果を国に政令で定める条件で提供することを約するときは、当該施設の用に供する土地の使用の対価を時価よりも低く定めることができる。

国有の試験研究施設や土地は、国有財産法第三条の行政財産（公用財産）に該当し、国有財産法第十八条第六項により、その用途または目的を妨げない限度において使用または収益を許可することができる。行政財産は、国の財産なので、財政法第九条により、原則として適正な対価を徴収しなければ、使用許可することができないが、法律で特例規定を設けている場合には、廉価で使用させることが可能である。本条は、国有の試験研究施設の廉価使用について、財政法第九条の特例を規定したものである。（旧研究交流促進法第十一条を移行）

具体的には、以下のとおりである。

1. 第一項は、国以外の者が行っている研究開発が、国が行っている研究開発と密接に関連し、当該研究開発の効率的推進に資する場合に、国有の試験研究施設の廉価使用を可能とするものである。ただし、当該施設を利用した研究開発の結果等は、国に提供することを条件として付している。

2. 第二項は、国以外の者が、試験研究機関等と共同研究を行うための施設を、当該機関の敷地内に整備する場合に、土地の廉価使用を可能とするものである。ただし、第一項と同様に、当該施設を利用した研究開発の結果は、国に提供することを条件として付している。

3. 旧研究交流促進法では、国と事業者の交流を図る観点から、本条の目的を「国有施設の廉価使用等を通じた国の研究開発に関する交流の促進」としていた。しかし、現在においては、国有施設の廉価使用は事業者等の研究開発の研究開発能力の強化に資する面が大きいことから、本条の目的を「事業者の研究開発能力の強化等」としたものである。

（国有施設等の使用に関する条件の特例）
第三十七条　国の行政機関の長は、試験研究機関等その他の政令で定める国の機関のうち、その所管するものであって当該国の機関が行う特定の分野に関する研究に係る状況が次の各号のいずれにも適合するものを、官報で公示するものとする。

一　当該国の機関において当該特定の分野に関する研究に関する国以外の者との交流の実績が相当程度あり、かつ、その交流の一層の促進を図ることが当該特定の分野に関する研究の効率的推進に相当程度寄与するものであると認められること。

二　当該国の機関を中核として、その周辺に当該国の機関が行う当該特定の分野に関する研究と関連する研究を行う国以外の者の施設が相当程度集積するものと見込まれること。

2　中核的研究機関（前項の規定により公示された国の機関をいう。）に対する前条の規定の適用については、同条第一項中「国が」とあるのは「中核的研究機関が」と、「密接に関連し、かつ、当該研究の効率的推進に特に有益である」とあるのは「関連する」と、「試験研究機関等その他の政令で定める国の機関」とあるのは「中核的研究機関」と、「提供する」とあるのは「提供し、又は中核的研究機関の国有の試験研究施設を使用して行った研究開発の成果を国に報告する」と、同条第二項中「試験研究機関等その他の政令で定める国の機関と共同して行う研究」とあるのは「中核的研究機関と共同して行う研究、中核的研究機関が現に行っている研究と密接に関連し、かつ、当該研究の効率的推進に特に有益である研究又は中核的研究機関が行った研究の成果を活用する研究」と、「提供する」とあるのは「提供し、又は当該施設において行った研究の成果を国に報告する」とする。

国の行政機関の長が一定の要件を満たす国の試験研究機関を公示し、当該研究機関の試験研究施設及び土地の廉価使用に係る条件を、前条で規定されている条件よりも緩和する特例を設ける規定である。（旧研究交流促進法第

十二条を移行）

具体的には、以下のとおりである。

1．前条の特例となる本条を設けた背景としては、前条の規定では、

（1）国の行う研究の推進に主眼が置かれており、その対象となる研究が限定されているため、民間が行う研究の推進には有効でない

（2）企業等が当該規定を適用する際の条件として、当該施設において行う研究の記録、資料等のデータをすべて無償で提供することが義務付けられているため、企業等にとっては研究内容が外部に公表されることを嫌って、当該制度を活用できない

などの問題がある。

2．前条よりも緩和された条件の下での国の試験研究施設及び土地の廉価使用は、平成一四年一二月に構造改革特別区域法第三十三条に規定する特例措置において既に認められていたが、平成一六年一二月の「構造改革特別区域基本方針の一部変更について」（閣議決定）を受けて、旧研究交流促進法の改正により全国化した。

本条第一項では、当該地域要件を維持し、国（使用対象の機関を所管する国の行政機関の長）が当該地域要件に適合しているか否か、またその機関を廉価使用させるのに問題がないかを判断し、特例の対象となる中核的研究機関を官報で公示することとしている。

3．本条第二項では、国有の試験研究施設を廉価使用できる研究開発の対象範囲を、前条第一項にある「国が行っている研究と密接に関連する研究開発」かつ「当該研究の効率的推進に特に有益である研究開発」から、「国の機関（中核的研究開発機関）が行う研究開発に関連する研究開発」に拡大している。

さらに、前条では、土地の廉価使用に係る対象範囲が「国の機関との共同研究」のみを対象としているが、本条第二項では、この「国の機関（中核的研究開発機関）との共同研究」に加え、「国の機関（中核的研究開発機関）が現に行っている研究と密接に関連し、かつ、当該研究の効率的推進に特に有益である研究開発」又は「国機関（中核的研究開発機関）が行った研究開発の成果を活用する研究開発」も対象としている。

また、前条第一項及び第二項に規定されている「研究開発結果を提供する」は、企業等が自らの研究内容が外部に公表される懸念を抱きかねないことから、本条第二項では、新たに研究開発の結果として得られた内容及び成果物について、その事実を国に知らせることとする「研究開発の成果について国に報告する」という条件を加え、前条の「研究開発結果を提供する」という条件との選択を可能とした。

第二節　研究開発の成果の実用化等を不当に阻害する要因の解消

> （研究開発の成果の実用化等を不当に阻害する要因の解消）
> 第三十八条　国は、研究開発の成果の実用化及びこれによるイノベーションの創出を図るため、これらを不当に阻害する要因の調査を行い、その結果に基づき、規制の見直しその他の当該要因の解消に必要な施策を講ずるものとする。

本条は、国が、研究開発の成果の実用化やイノベーションの創出を阻害する要因の調査を行い、規制の見直し等の必要な施策を講ずべきことを定めたものである。

なお、「不当に」の文言は、国民の生命身体等を守るために必要な規制等であってもイノベーション等の阻害要因となりうることは想定されるが、そのような規制等までが「阻害する要因」とされ、解消されることがないよう念のため、「不当に」を規定したものである。

（国の資金により行われる研究開発に係る収入及び設備その他の物品の有効な活用）

第三十九条　国は、研究開発の成果の実用化及びこれによるイノベーションの創出を図る等のため、国の資金により行われる研究開発に係る収入及び設備その他の物品の取扱いについて、これらが、当該研究開発の成果の実用化及び更なる研究開発の推進に有効に活用されるよう配慮するものとする。

本条は、研究開発の成果の実用化等を図るため、国の資金により行われる研究開発の成果に係る収入等について、有効に活用されるよう国が配慮すべきことを定めたものである。

具体的には、以下のとおりである。

1．補助金等に係る予算の執行の適正化に関する法律第七条第二項によれば、「各省各庁の長は、補助事業等の完了により当該補助事業者等に相当の収益が生ずると認められる場合においては、当該補助金等の交付の目的に反しない場合に限り、その交付した補助金等の全部又は一部に相当する金額を国に納付すべき旨の条件を附することができる。」とされているところであるが、現実としては、「補助条件の整備に関する暫定措置について」により、ほぼすべての事業について収益納付義務が課されていたなどの問題があった。

2．さらに、現行、国からの委託に係る物品の扱いについては、財政法第九条の精神にかんがみ、受託者による物品取得の後、国への所有権移転を行うこととしているが、現実として、ほぼ受託者への無償貸与を行うこととしており、所有権移転のための膨大な事務手続きが委託者、受託者双方に発生していること、民間への無償貸し付けができないなどの問題点が存在している。

3．このため、本規定に基づき、これら補助金に基づく収入や委託に係る物品の扱いについてその運用の改善を図っていくための根拠条文を置いたものである。

本法を踏まえ、「補助金等に係る予算の執行の適正化に関する法律（昭和三十年法律第百七十九号）第七条第二項に規定する収益納付条件の取扱いについて（連絡）」（平成二〇年一〇月二一日、文部科学省科学技術・学術政策局政策課）によって、公的研究機関に対する研究開発補助金については、各省各庁の長において、当該研究開発補助事業の公共性や公益性、当該補助金の交付の目的及び内容、交付対象機関の性格等を勘案した上で、適当と判断した場合には、必ずしも収益納付条件を附さなくてもよいと解して差し支えないことが各府省に通知された。

（特許制度の国際的な調和の実現等）

第四十条　国は、特許制度の国際的な調和が研究開発の成果の適切な保護を図るために極めて重要であることにかんがみ、特許制度の国際的な調和の実現を図るために必要な施策を講ずるものとする。

2　国は、事業者が研究開発の成果に係る知的財産権を行使して、正当な利益を確保することが、その研究開発能力の強化に極めて重要であることにかんがみ、国際的な連携に配慮しつつ、知的財産権を侵害する事犯の取締りを行うことその他の方法により知的財産権が安定的に保護されるための環境の整備に必要な施策を講ずるものとする。

3　研究開発法人、大学等及び事業者は、その研究開発等の効率的推進を図るため、その研究開発において特許に関する情報の活用に努めるものとする。

本条第一項は、国が特許制度の国際的な調和の実現を図るために必要な施策を講ずべきことを定めたものである。

第二項は、近年、我が国の知的財産権を侵害するような事象が生じているところ、国がそのような特許権の保護のための環境の整備に必要な施策を講ずべきことを定めたものである。

第三項は、研究開発法人等にその保有する特許に関する情報の活用について努力義務を課したものである。

（研究開発の成果の国外流出の防止）
第四十一条　国は、研究開発の成果の適切な保護を図るため、国の資金により行われる研究開発の成果について、我が国の国際競争力の維持に支障を及ぼすこととなる国外流出の防止に必要な施策を講ずるものとする。
２　研究開発法人、大学等及び事業者は、その研究開発の成果について、我が国の国際競争力の維持に支障を及ぼすこととなる国外流出の防止に努めるものとする。

本条第一項は、国の資金による研究開発の成果について、国が違法な国外流出を防止するために必要な施策を講ずべきことを定めたものである。
第二項は、研究開発の成果の違法な国外流出の防止について、研究開発法人等に努力義務を課したものである。

（国際標準への適切な対応）
第四十二条　国は、研究開発の成果に係る国際的な標準（以下この条において「国際標準」という。）への適切な対応が研究開発の成果の実用化及びこれによるイノベーションの創出に極めて重要であることにかんがみ、国際標準に関する啓発及び知識の普及、国際標準に関する国際機関その他の国際的な枠組みへの参画その他の国際標準への適切な対応に必要な施策を講ずるものとする。

2　研究開発法人、大学等及び事業者は、必要に応じて、国際標準に関する専門的知識を有する人材を確保し及び育成すること、その研究開発の成果に係る仕様等を国際標準とすること、その研究開発等の推進において国際標準を積極的に活用することその他の国際標準への適切な対応に努めるものとする。

本条第一項は、国が研究開発の成果に係る国際的な標準への適切な対応に必要な施策を講ずべきことを定めたものである。

第二項は、研究開発法人等に対して、研究開発の成果を国際標準と調和させること及び国際標準の積極的な活用について、努力義務を課したものである。

（未利用成果の積極的な活用）

第四十三条　国は、研究開発の成果の実用化及びこれによるイノベーションの創出を図るため、国、研究開発法人、大学等及び事業者の研究開発の成果のうち、活用されていないもの（次項において「未利用成果」という。）について、その積極的な活用を図るために必要な施策を講ずるものとする。

2　研究開発法人、大学等及び事業者は、未利用成果の積極的な活用に努めるものとする。

本条第一項は、国が国等の研究開発の成果で未だ利用されていないものについて、その積極的な活用を図るために必要な施策を講ずべきことを定めたものである。

第二項は、研究開発法人等に対して、未利用成果の積極的な活用について、努力義務を課したものである。

（研究開発法人による出資等の業務）

第四十三条の二　研究開発法人のうち、実用化及びこれによるイノベーションの創出を図ることが特に必要な研究開発の成果を保有するものとして別表第二に掲げるものは、研究開発の成果の実用化及びこれによるイノベーションの創出を図るため、独立行政法人通則法第一条第一項に規定する個別法の定めるところにより、当該研究開発法人の研究開発の成果を事業活動において活用しようとする者に対する出資並びに人的及び技術的援助の業務を行うことができる。

別表第二（第四十三条の二関係）

一　独立行政法人科学技術振興機構

二　独立行政法人産業技術総合研究所

三　独立行政法人新エネルギー・産業技術総合開発機構

研究開発法人は、国家戦略としてイノベーション創出に取り組む機関であるが、とりわけ、その機能強化が必要であり、その一つとして研究開発法人が有する研究開発成果の実用化の促進が挙げられる。従来は、既存企業への特許のライセンシング等により研究開発成果の実用化を進めてきたが、これを更に進めていくために、既存企業への技術導出に加えて、研究成果を基にしたベンチャーの創出を促進し、当該ベンチャーが行う事業を通じて研究開発の成果を実用化・社会還元する道を広げていくことが重要である。

このため、本条では、研究開発法人のうち、実用化及びこれによるイノベーションの創出を図ることが特に必要な研究開発の成果を有するものは、当該研究開発法人の研究成果を事業活動において活用しようとする者に対して出資並びに人的及び技術的援助の業務を行うことができる旨について定めたものである。

本条に基づく出資等の対象としては、研究開発法人の研究成果を事業活動において活用しようとするベンチャーを想定しており、その中でも特に創業段階から創業初期の段階にある者が想定される。また、出資の中身としては、金銭のほか知的財産や研究機器・設備といった研究開発法人が有する財産の現物出資が想定される。

また、出資等の業務が行うことができる者として、別表第二に掲げる研究開発法人（科学技術振興機構、産業技術総合研究所、新エネルギー・産業技術総合開発機構）については、その成果の実用化によるイノベーション創出が見込まれる優れた研究開発の成果を有しており、かつ、ベンチャーの創出促進を行う具体的な計画を持つ法人として絞り込みを行ったものである。

なお、改正法附則第六条から第八条において、上記3法人の個別法を改正し、それぞれの業務に、出資等の業務を追加している。出資が可能となる法人については、附則第三条第一項の規定に基づき、適宜見直し・追加等を行い、適切に制度を運用していくこととなる。

（中小企業者の革新的な研究開発の促進等）
第四十四条　国は、中小企業者が研究開発能力の強化及び研究開発等の効率的推進に極めて重要な役割を果たすものであることにかんがみ、中小企業者の革新的な研究開発の促進に必要な施策を講ずるものとする。
2　研究開発法人及び国立大学法人等は、研究開発法人又は国立大学法人等を当事者の一方とする契約で役務の給付又は物件の納入に対し当該研究開発法人又は国立大学法人等が対価の支払をすべきものを締結するに当たっては、予算の適正な使用に留意しつつ、革新的な研究開発を行う中小企業者の受注の機会の増大を図るよう努めるものとする。

本条第一項は、研究開発能力の強化等における中小企業者の役割の重要性にかんがみ、国等が中小企業者の革新的な研究開発を促進するために必要な施策を講ずべきことを定めたものである。

第二項は、研究開発法人等に対して、中小企業者の受注の機会の増大を図ることについて努力義務を課すことを定めたものである。

なお、第二項において「物件」の文言を使用したのは、第二項が「官公需についての中小企業者の受注の確保に関する法律」（昭和四十一年六月三十日法律第九十七号）第三条を受けた規定であることから、本条の文言に使用されている「物件」の用語を使用したものである。

（研究開発等を支援するための事業の振興）
第四十五条　国は、研究開発等を支援するための事業を行う者が研究開発等の効率的推進に極めて重要な役割を果たすものであることにかんがみ、当該事業の振興に必要な施策を講ずるものとする。

本条は、研究開発の効率的推進において、研究開発等を支援するための事業者の役割の重要性にかんがみ、国が研究開発等を支援するための事業の振興に必要な施策を講ずべきことを定めたものである。

（国の受託研究の成果に係る特許権等の譲与）
第四十六条　国は、国以外の者から委託を受けて行った研究開発の成果に係る国有の特許権又は実用新案権の一部を、政令で定めるところにより、当該国以外の者に譲与することができる。

国の、受託研究に係る特許権等の取り扱いについては、臨時行政改革推進審議会の「行政改革の推進方策に関する答申」（昭和六〇年七月二二日）では、「特に受託研究については、公益上の必要がある場合には相手方への譲渡を原則とする扱いとする。」との指摘がなされており、資金提供者たる委託者が特許権等を取得できるようにすることを求める一方で、公益上の配慮も必要である旨の指摘がなされたことを踏まえ、規定しているものである。（旧

研究交流促進法第七条を移行）

具体的には、国の受託研究については、必要な資金を全額受託者が負担するものであっても、国から民間企業等への委託研究と同列に論ずることができず、公益性の観点から以下の二つの要件を満たす必要がある。

①国自らが無償実施できる権利を担保しておくこと。

②第三者に利用させる必要が生じた場合に備えて、国は、特許権等の一部を持分として確保しておくこと。

このような事情を踏まえ、本法では、国の受託研究の成果物である国有の特許権等の一部を譲渡（無償で譲渡）できる旨の規定を設けたものである。

第六章　研究開発システムの改革に関する内外の動向等の調査研究等

第四十七条　国は、研究開発システムの改革に関する内外の動向、多様な分野の研究開発の国際的な水準、研究開発等に係る費用と便益の比較その他の方法による異なる分野の研究開発等の重要性の比較、国の資金により行われる研究開発等のイノベーションの創出への影響並びに著しい新規性を有し又は著しく創造的な分野を対象とする研究開発であってその成果の実用化により極めて重要なイノベーションの創出をもたらす可能性のあるもの及び社会科学又は経営管理方法への自然科学の応用に関する研究開発の推進の在り方について、調査研究を行い、その結果を研究開発システム及び国の資金により行われる研究開発等の推進の在り方に反映させるものとする。

我が国の研究開発法人制度及び研究資金制度等について、その問題点や課題を整理するに当たり、これら課題に関する海外の同様の研究開発機関の状況等について調査を行った結果、諸外国においては研究開発の特性に応じた柔軟な研究開発システムを実現するため、制度面・運用面におけるさまざまな工夫が凝らされていることが明らかになった。具体的には、研究開発機関の研究費・人件費については、個々のプログラムの必要に応じて増減が決定されたり、助成事業に起因する収入は研究開発への使用が可能となっていたりするなど、柔軟な仕組みとなっている。

本条においては、我が国の研究開発システムの改革及び研究開発の推進に当たっては、このような内外の動向を含めた調査研究が重要であることにかんがみ、国がこのような調査研究を行い、その結果を研究開発システムの改革等に反映させるものとすることを定めたものである。

本規定に規定されている用語の意味は、以下のとおりである。

・「著しい新規性を有し又は著しく創造的な分野を対象とする研究開発であってその成果の実用化によるイノベーションの創出により極めて重要な社会的経済的効果をもたらす可能性のあるもの」

いわゆるハイリスク研究と呼ばれるものであり、従来米国の国防省ＡＲＰＡ等で行われ、インターネットなどの大きな成果を上げたと言われている。「米国競争力強化法」においても本ハイリスク研究の推進が規定されたことなどを踏まえ、日本においてもその調査研究等を行うことを規定したものである。

・「社会科学又は経営方法への自然科学の応用に関する研究開発」

諸外国において、いわゆるサービス・サイエンスと呼ばれるものであり、日本のサービス産業の生産性が欧米に比べ劣ること、米国競争力法においてもその検討が規定されたことを踏まえ、日本においてもその調査研究等を行うことを規定したものである。

「社会科学」とは、「社会工学」や「経営学」等を指し、これに加えて「経営管理方法」を規定したのは「社会科学」の枠におさまらないような経営手法のようなものにＩＴ技術等の自然科学を適用することも排除するものではないことから、念のため規定したものである。

具体的には、金融機関の事業展開のあり方に数学を適用した金融工学などがこれに該当する。

第七章　研究開発法人に対する主務大臣の要求

第四十八条　主務大臣(独立行政法人通則法第六十八条に規定する主務大臣をいう。以下この条において同じ。)は、同法第一条第一項に規定する個別法に基づき、主務大臣が研究開発法人に対し、必要な措置をとることを求めることができるときのほか、研究開発等に関する条約その他の国際約束を我が国が誠実に履行するため必要があると認めるとき又は災害その他非常の事態が発生し、若しくは発生するおそれがある場合において、国民の生命、身体若しくは財産を保護するため緊急の必要があると認めるときは、研究開発法人に対し、必要な措置をとることを求めることができる。
2　研究開発法人は、主務大臣から前項の規定による求めがあったときは、その求めに応じなければならない。

本条は、研究開発法人に対する、条約等における国の義務の履行を担保するため、主務大臣が、国際約束の誠実な履行のために必要があると認めるときは、研究開発法人に対して必要な措置をとることを求めることができる旨を定めるとともに、当該求めに対する研究開発法人の応諾義務を定めたものである。

具体的には、以下のとおりである。

1．国は、研究開発法人を含め独立行政法人に対して一般監督権限を有しておらず、中長期目標又は中期目標（※）による管理を認められているに過ぎない。また、中長期目標等は、目標期間において独立行政法人が達成すべき業務運営に関する目標を示すものであって法的拘束力をもつものではなく、国としての関与は、目標期間終了後の評価結果を次期中長期目標等へ反映することなどに限られている。

このため、現在、条約等の国の義務や災害等の緊急時の対応（原子力災害等における対応）等を担保する方

※　後述（第四十九条）するように、平成二六年六月に成立した通則法の一部改正による改正後の通則法及び同時に改正される各独立行政法人の個別法に基づき、研究開発法人の大部分は、独立行政法人の新たなカテゴリーである「国立研究開発法人」として、他の研究開発法人は「中期目標管理法人」として位置づけられることとなる。本改正により、国立研究開発法人は、従来より長い五～七年間の目標期間を定めることができる「中長期目標」を定めることとなり、中期目標管理法人は、従来どおり、三～五年間の中期目標を定めることとなる。

法としては、研究開発法人に係る各独立行政法人個別法において本条のような規定を置き、措置することとなっており、これらの対応における効率性を阻害している。このため、研究開発法人の研究開発の実施を円滑に進めるため、研究開発システムの改革の推進を通じて研究開発能力を強化することを目的とする本法の趣旨に照らし、一般的な規定として本条を定めたものである。

「…できるときのほか、」としているのは、研究開発法人のうち、各個別法において一定の場合に主務大臣の要求ができる旨を規定している法人が存在することから、研究開発法人については、本規定による主務大臣による要求のみでなくそれらの各個別法による要求が可能であることを否定するものではないことを確認的に規定したものである。

なお、当然のことながら、各個別法に本規定の要求ができる場合と同趣旨の規定があったとしても本規定の適用を排除するものではない。

2．研究開発法人の不履行

研究開発法人が主務大臣の要求に応じなかった場合、罰則の適用はないが、法令に違反する業務執行となる。この結果、通則法第三十五条の三（当該研究開発法人が国立研究開発法人の場合は、第三十五条の八において同条を準用。）に基づく主務大臣の是正要求の対象になるほか、是正要求の実施のため必要があれば、通則法第六十四条に基づき主務大臣から研究開発法人に対し報告を求め、立入検査を行うことも可能である。さらに、当該応諾義務違反の責任が役員に求められる場合には、通則法第二十三条第二項第二号に基づき役員の解任事由となる。したがって、条約等上の国の義務を確実に履行するためには、第二項の規定が不可欠である。

第八章　研究開発等を行う法人に関する新たな制度の創設

第四十九条　政府は、独立行政法人の制度及び組織の見直しの状況を踏まえつつ、研究開発等を行う法人が世界最高水準の研究開発等を行って最大の成果を創出するための運営を行うことを可能とする新たな制度（以下「新制度」という。）を創設するため、次に掲げる事項を基本として必要な法制上の措置を速やかに講ずるものとする。

一　新制度における研究開発等を行う法人（以下「新法人」という。）を設立する主たる目的は、研究開発等により最大の成果を創出することとすること。

二　新法人は、研究開発等に係る国の方針に基づき、大学又は民間企業が取り組み難い課題に取り組むことを重要な業務とすること。

三　新法人が国際競争力の高い人材を確保することを可能とすること。

四　新法人が行う研究開発等について、国際的な水準を踏まえて専門的な評価が実施されるようにすること。

五　新法人を所管する大臣の下に研究開発等に関する審議会を設置すること。この場合において、外国人を当該審議会の委員に任命することができるものとすること。

六　新法人が業務の計画の期間を長く設定することを可能とすること。

七　新法人が行う研究開発の成果を最大のものとするため、新制度の運用が研究開発等の特性を踏まえたものとなるようにすること。

2　新制度においては、新法人の研究者、技術者等の給与水準の見直し、業務運営の効率化に関する目標の在り方の見直し、新法人が行う研究開発等に係る物品及び役務の調達に関する契約等に係る仕組みの改善、新法人がその活動によって得た収入に係る仕組みの見直し、新法人の研究開発等に係る経費の繰越しに係る仕組みの柔軟化等が実現される仕組みとすることとする。

本条は、研究開発等を行う法人に関する新たな制度を創設するため、政府が必要な法制上の措置を速やかに講ずるものとすることを定めるとともに、その際、基本となる事項を定めたものである。

本条は、改正法により新たに追加された。

研究開発等を行う法人に関する新たな制度については、すでに、「科学技術イノベーション総合戦略」（平成二五年六月七日閣議決定）において、「研究開発法人について、関係府省が一体となって、独立行政法人全体の制度・組織の見直しを踏まえつつ、効率的運用の達成や国民への説明責任を大前提として、①研究開発成果の最大化（ミッションの達成）を第一目的とすること、②研究開発法人を、国家戦略に基づき、大学や企業では取り組みにくい課題に取り組む研究機関であることを制度的に明確に位置づけること、③国際競争力の高い人材の確保の必要性、国際水準を踏まえた評価指針の下での専門的評価の実施、主務大臣の下に研究開発に関する審議会の設置（外国人任命も可能）、中期目標期間の長期化、研究開発の特性を踏まえた制度運用の在り方、を法的に担保し、給与水準の見直し、業務運営の効率化目標の在り方の見直し、調達方法の改善、自己収入の扱いの見直し、予算繰り越しの柔軟化等が実現される仕組みとすること、を内容とする世界最高水準の新たな制度を創設」とされていることを踏まえ、これを基本としつつ、行政改革事務局等との調整を経て、研究開発等を行う法人に関する新たな制度を創設するため、政府が必要な法制上の措置を速やかに講ずるものとすることを定めるとともに、その際、基本となる事項を定めたものである。

本条を踏まえ、平成二五年一二月二四日に「独立行政法人改革等に関する基本的な方針」が閣議決定されるとともに、通則法が翌二六年六月に国会において可決・成立した（平成二七年四月一日施行）。これらにおいて、研究開発型の法人は、他の独立行政法人とは異なるカテゴリーの「国立研究開発法人」として、①研究開発成果の最大化を第一目的とすること、②中長期目標期間を最大五年間から最大七年間に長期化すること、③研究開発に関する審議会が科学的知見や国際的水準に即して適切な助言を行うこと、などが盛り込まれている。

また、当該国立研究開発法人のうち、国家戦略に基づき科学技術イノベーションの基盤となる世界トップレベルの成果を生み出すことが期待される法人については、「特定国立研究開発法人（仮称）」として位置付け、総合科学技術・イノベーション会議及び主務大臣の強い関与や業務運営上の特別な措置等を別途定める特別措置法案について、可能な限り早期の国会成立を目指すこととされている。

なお、研究開発力強化法で定められている研究開発法人の分類と、通則法に基づく国立研究開発法人の分類の関係については、以下のとおり。

○　研究開発法人及び国立研究開発法人への移行状況等一覧
　矢印上側：研究開発力強化法上の「研究開発法人」
　矢印下側：閣議決定・通則法に基づく「国立研究開発法人」への移行・法人統合の状況

（内閣府所管）
　日本医療研究開発機構　⇓　国立研究開発法人（平成二七年四月設立）
（総務省所管）
　情報通信研究機構　⇓　国立研究開発法人
（財務省所管）
　酒類総合研究所　⇓　中期目標管理法人
（文部科学省所管）
　国立科学博物館　⇓　中期目標管理法人
　物質・材料研究機構　⇓　国立研究開発法人
　防災科学技術研究所　⇓　国立研究開発法人
　放射線医学総合研究所　⇓　国立研究開発法人
　科学技術振興機構　⇓　国立研究開発法人
　日本学術振興会　⇓　中期目標管理法人
　理化学研究所　⇓　国立研究開発法人

宇宙航空研究開発機構　⇓　国立研究開発法人
海洋研究開発機構　⇓　国立研究開発法人
日本原子力研究開発機構　⇓　国立研究開発法人

（厚生労働省所管）
国立健康・栄養研究所　⇓　国立研究開発法人（平成二七年四月に他法人と統合）
労働安全衛生総合研究所　⇓　中期目標管理法人（平成二八年四月に他法人と統合）
医薬基盤研究所　⇓　国立研究開発法人（平成二七年四月に他法人と統合）
国立がん研究センター　⇓　国立研究開発法人
国立循環器病研究センター　⇓　国立研究開発法人
国立精神・神経医療研究センター　⇓　国立研究開発法人
国立国際医療研究センター　⇓　国立研究開発法人
国立成育医療研究センター　⇓　国立研究開発法人
国立長寿医療研究センター　⇓　国立研究開発法人

（農林水産省所管）
農業・食品産業技術総合研究機構　⇓　国立研究開発法人（平成二八年四月に他法人と統合）
農業生物資源研究所　⇓　国立研究開発法人（平成二八年四月に他法人と統合）
農業環境技術研究所　⇓　国立研究開発法人（平成二八年四月に他法人と統合）
国際農林水産業研究センター　⇓　国立研究開発法人

森林総合研究所　⇓　国立研究開発法人

水産総合研究センター　⇓　国立研究開発法人（平成二八年四月に他法人と統合）

（経済産業省所管）

産業技術総合研究所　⇓　国立研究開発法人

石油天然ガス・金属鉱物資源機構　⇓　中期目標管理法人

新エネルギー・産業技術総合開発機構　⇓　国立研究開発法人

（国土交通省所管）

土木研究所　⇓　国立研究開発法人

建築研究所　⇓　国立研究開発法人

交通安全環境研究所　⇓　中期目標管理法人（平成二八年四月に他法人と統合）

海上技術安全研究所　⇓　国立研究開発法人（平成二八年四月に他法人と統合）

港湾空港技術研究所　⇓　国立研究開発法人（平成二八年四月に他法人と統合）

電子航法研究所　⇓　国立研究開発法人（平成二八年四月に他法人と統合）

（環境省所管）

国立環境研究所　⇓　国立研究開発法人

「科学技術イノベーション総合戦略」（平成二五年六月七日閣議決定）
（研究開発法人関係）

第３章　科学技術イノベーションに適した環境創出
　３．重点的取組
（２）大学、研究開発法人を国際的なイノベーション・ハブとして強化
①取組の内容
（中略）
・研究開発法人については、研究開発の特性（長期性、不確実性、予見不可能性、専門性）等を十分に踏まえた法人制度の改革が必要である。グローバルな競争環境の中で研究開発法人が優位性を発揮できるよう機能強化を図り、現制度の隘路を打開
（中略）

②主な施策
（中略）
・研究開発法人について、関係府省が一体となって、独立行政法人全体の制度・組織の見直しを踏まえつ

つ、効率的運用の達成や国民への説明責任を大前提として、①研究開発成果の最大化（ミッションの達成）を第一目的とすること、②研究開発法人を、国家戦略に基づき、大学や企業では取り組みにくい課題に取り組む研究機関であることを制度的に明確に位置づけること、③国際競争力の高い人材の確保の必要性、国際水準を踏まえた評価指針の下での専門的評価の実施、主務大臣の下に研究開発に関する審議会の設置（外国人任命も可能）、中期目標期間の長期化、研究開発の特性を踏まえた制度運用の在り方、を法的に担保し、給与水準の見直し、業務運営の効率化目標の在り方の見直し、調達方法の改善、自己収入の扱いの見直し、予算繰り越しの柔軟化等が実現される仕組みとすること、を内容とする世界最高水準の新たな制度を創設

【文部科学省、内閣府、内閣官房】

・現行制度においても、運用上、改善が可能なものについて早急に見直し

【文部科学省、内閣府、内閣官房】

－国際頭脳循環（ブレインサーキュレーション）を促進するため、人件費にかかる制約の緩和

－一般競争入札にこだわらず、研究の実態にあわせた法人の契約・調達を可能とするため、研究の実態に即した調達基準の策定等

－イノベーション創出促進に資する観点からの自己収入（寄附金収入分等）について、運営費交付金の削減対象からの除外の扱い

－中期目標期間を超える予算繰り越しの柔軟化

附則（抄）

附則の規定順について、①施行期日、②法の廃止、③経過措置、④検討、⑤法の一部改正（法の制定順）の順に附則を定めている。

（施行期日）
第一条　この法律は、公布の日から起算して六月を超えない範囲内において政令で定める日から施行する。ただし、附則第七条の規定はこの法律の公布の日又は独立行政法人気象研究所法（平成二十年法律第　＊　号）の公布の日のいずれか遅い日から、附則第八条の規定はこの法律の公布の日又は高度専門医療に関する研究等を行う独立行政法人に関する法律（平成二十年法律第九十三号）の公布の日のいずれか遅い日から施行する。

本条は、本法の施行日を定めたものである。
附則第二条に基づき廃止される研究交流促進法の関係法令の改正手続が必要となることから、本法においては施行日を定めず、「公布の日から起算して六月を超えない範囲内において政令で定める日」として政令に委任したものである。

＊「気象研法」は平成二六年六月時点で不成立のため、本欄は空欄。

また、法律の制定に伴い新たに設立される独立行政法人気象研究所等の７つの法人について、本法の研究開発法人に追加する規定である附則第七条及び第八条の規定の施行日は、本法の公布日がそれらの法人の設立に係る法律の公布日より遅い場合には本法の公布日から、本法の公布日がそれらの法人の設立に係る法律の公布日より早い場合にはそれらの法人の設立に係る法律の公布日から施行することとした。

（研究交流促進法の廃止）

第二条　研究交流促進法（昭和六十一年法律第五十七号）は、廃止する。

本条は、研究交流促進法を廃止することを定めたものである。研究交流促進法の規定は、本法にすべて移管されたことから、不要となった研究交流促進法を廃止するものである。

（経過措置）
第三条　この法律の施行前に前条の規定による廃止前の研究交流促進法（以下「旧法」という。）（第六条を除く。以下この条において同じ。）又は旧法に基づく命令の規定によりした処分、手続きその他の行為は、この法律又はこの法律に基づく命令の相当する規定によりした処分、手続その他の行為とみなす。

本条は、研究交流促進法を廃止して大部分を本法に移行したことに伴い、廃止前の研究交流促進法（及びその命令）によって規定した処分、手続きその他の行為が、本法（及びその命令）の相当の規定をもって規定した処分、手続きその他の行為とみなす経過措置を規定したものである。ただし、旧法第六条に規定されている「(研究公務員が共同研究等に従事するために取得した休暇を）国家公務員退職手当法第六条の四第一項に規定する現実に職務をとることを要しない期間には該当しないものとみなす」という措置は、「処分、手続きその他の行為」には該当するか疑義があることから念のため、附則第四条に経過措置を別途規定したものである。

また、旧法第十二条第一項によりされた公示についても、「処分、手続きその他の行為」には該当しないことから、附則第五条に経過措置を別途規定する。

第四条　この法律の施行前に旧法第六条第一項に規定する共同研究等に従事するため国家公務員法第七十九条又は自衛隊法第四十三条の規定により休職にされた旧法第二条第三項に規定する研究公務員については、旧法第六条の規定は、なおその効力を有する。

本条は、廃止前の研究交流促進法第六条第一項（旧法）に規定する「（研究公務員が共同研究等に従事するために取得した休暇を）国家公務員退職手当法第六条の四第一項に規定する現実に職務をとることを要しない期間には該当しないものとみなす」という国家公務員退職手当法の特例措置（を受けた研究公務員）が引き続き有効であることを規定したものである。

第五条　この法律の施行前に旧法第十二条第一項の規定によりされた公示で、この法律の施行の際現に効力を有するものは、第三十七条第一項の規定によりされた公示とみなす。

本条は、廃止前の研究交流促進法第十二条第一項の規定により公示された試験研究機関のうち、本法の施行の際に現に効力を有するものについては、本法第三十七条第一項の規定によって公示された試験研究機関とみなして、引き続き国有施設の使用に関する条件の特例を受けられる経過措置を規定するものである。

（検討）
第六条　政府は、この法律の施行後三年以内に、更なる研究開発能力の強化及び研究開発等の効率的推進の観点からの研究開発システムの在り方に関する総合科学技術会議における検討の結果を踏まえ、この法律の施行の状況、研究開発システムの改革に関する内外の動向の変化等を勘案し、この法律の規定について検討を加え、必要があると認めるときは、その結果に基づいて必要な措置を講ずるものとする。

本条は、「『研究開発力の強化に向けて』中間とりまとめ（科学技術創造立国推進調査会研究開発力強化小委員会）」において、「中長期的な課題として、研究開発期間が長期にわたるプロジェクトが多いこと、予期せぬ情勢の変化やリスクに対応する必要があることなど、研究開発の特殊性を踏まえた最もふさわしい法人形態のあり方を視野に入れた検討を行うこと」とされたことから、政府が、本法の施行後三年以内に、研究開発システムのあり方に関する総合科学技術会議（現・総合科学技術・イノベーション会議）における検討の結果を踏まえ、この法律の規定に検討を加え、その結果に基づいて必要な措置を講ずることを定めたものである。

（独立行政法人気象研究所法の一部改正）
第七条　独立行政法人気象研究所法の一部を次のように改正する。

附則に次の一条を加える。

（研究開発システムの改革の推進等による研究開発能力の強化及び研究開発等の効率的推進等に関する法律の一部改正）

第十三条　研究開発システムの改革の推進等による研究開発能力の強化及び研究開発等の効率的推進等に関する法律（平成二十年法律第六十三号）の一部を次のように改正する。

別表中第三十二号を第三十三号とし、第三十一号の次に次の一号を加える。
三十二　独立行政法人気象研究所

本条は、法律の制定に伴い新たに設立される独立行政法人気象研究所について、本法の研究開発法人に追加することを定めたものである。


（高度専門医療に関する独立行政法人に関する法律の一部改正）

第八条　高度専門医療に関する独立行政法人に関する法律の一部を次のように改正する。

附則第十九条の次に次の一条を加える。

（研究開発システムの改革の推進等による研究開発能力の強化及び研究開発等の効率的推進等に関する法律

の一部改正）
第十九条の二　研究開発システムの改革の推進等による研究開発能力の強化及び研究開発等の効率的推進等に関する法律（平成二十年法律第六十三号）の一部を次のように改正する。
　別表中第三十三号を第三十九号とし、第十七号から第三十二号までを六号ずつ繰り下げ、第十六号の次に次の六号を加える。
十七　独立行政法人国立がん研究センター
十八　独立行政法人国立循環器病研究センター
十九　独立行政法人国立精神・神経医療研究センター
二十　独立行政法人国立国際医療研究センター
二十一　独立行政法人国立成育医療研究センター
二十二　独立行政法人国立長寿医療研究センター

　本条は、法律の制定に伴い新たに設立される独立行政法人国立がん研究センターなどについて、本法の研究開発法人に追加することを定めたものである。

附　則（平成二十五年十二月十三日法律第九十九号）

（施行期日）
第一条　この法律は、公布の日から施行する。ただし、第一条中研究開発システムの改革の推進等による研究開発能力の強化及び研究開発等の効率的推進等に関する法律第二条の改正規定、同法第十五条の次に一条を加える改正規定、同法第四十三条の次に一条を加える改正規定及び同法別表を別表第一とし、同表の次に一表を加える改正規定、第二条の規定並びに附則第四条から第八条までの規定は、平成二十六年四月一日から施行する。

本条は、改正法の施行日を定めたものである。

改正法は、研究開発システムの更なる改革について、実現可能なものからできる限り早期に実現する観点から制定されたものであることから、施行日は公布日施行とすることを原則としたものである。

ただし、労働契約法の特例に関する規定と研究開発法人による出資等の業務に関する規定については、研究開発法人や大学等への周知期間等が必要との観点から、平成二六年四月一日施行としたものである。

（検討）

第二条　国は、第一条の規定による改正後の研究開発システムの改革の推進等による研究開発能力の強化及び研究開発等の効率的推進等に関する法律（以下「新研究開発能力強化法」という。）及び第二条の規定による改正後の大学の教員等の任期に関する法律（以下「新大学教員任期法」という。）の施行状況等を勘案して、新研究開発能力強化法第十五条の二第一項各号に掲げる者及び新大学教員任期法第七条第一項の教員等の雇用の在り方について検討を加え、その結果に基づいて必要な措置を講ずるものとする。

2　新研究開発能力強化法第十五条の二第一項第三号及び第四号に掲げる者についての特例は、事業者において雇用される者のうち、研究開発能力の強化等の観点から特に限定して設けられたものであり、国は、その雇用の在り方について、期間の定めのない雇用形態を希望する者等がいることも踏まえ、研究者等の雇用の安定が図られることが研究環境の早期の改善に資するという観点から、研究者等が相互に競争しながら能力の向上を図ることの重要性にも十分配慮しつつ、検討を加え、その結果に基づいて必要な措置を講ずるものとする。

本条は、国が、今回の特例の対象者の雇用の在り方について検討を加え、その結果に基づいて必要な措置を講ずるものとすることを定めたものである。これは、第十五条の二及び任期法第七条による労働契約法の特例が、研究開発法人や大学等の現場の実態を踏まえ、緊急避難的に設けられたものであることによるものである。

第三条　国は、研究開発法人（新研究開発能力強化法第二条第八項に規定する研究開発法人をいう。以下同じ。）の業務の実施状況等を勘案し、研究開発法人が新研究開発能力強化法第四十三条の二の規定による出資並びに人的及び技術的援助の業務を行うことの適否について検討を加え、必要があると認めるときは、その結果に基づいて必要な措置を講ずるものとする。

2　政府は、関係機関等が連携協力することが研究開発（新研究開発能力強化法第二条第一項に規定する研究開発をいう。）の成果の実用化及びこれによるイノベーションの創出（同条第五項に規定するイノベーションの創出をいう。）に重要であることに鑑み、関係省庁相互間その他関係機関及び民間団体等の間の連携協力体制の整備について速やかに検討を加え、その結果に基づいて必要な措置を講ずるものとする。

法案提出の時点で、第四十三条の二の規定に基づき出資等の業務を行うことが適当と考えられるのは、別表第二に掲げる三つの研究開発法人に限定される一方で、将来的にその他の研究開発法人が同業務を行う可能性が排除されるものではない。このため、本条第一項では、研究開発法人の業務の実施状況等を勘案し、当該研究開発法人が出資等を行うことの適否について検討した上で、その結果に基づいて、当該研究開発法人による出資等に関して必要な措置を講ずる旨を定めたもの。

また、優れた研究開発成果を基にしたベンチャーの創出を促進し、イノベーションを創出していくためには、出資等を行う研究開発法人のみならず、関係者が密に連携協力して、ベンチャー創出が促進されるような環境の醸成に努めていくことが重要である。このため、本条第二項では、本法施行後速やかに、関係省庁、その他関係機関及び民間団体等との間で連携協力していくための体制整備について検討を行い、必要な措置を講ずる旨について定めたもの。

（研究開発システムの改革の推進等による研究開発能力の強化及び研究開発等の効率的推進等に関する法律の一部改正に伴う経過措置）

第四条　新研究開発能力強化法第十五条の二第一項各号に掲げる者であって附則第一条ただし書に規定する規定の施行の日（以下「一部施行日」という。）前に労働契約法（平成十九年法律第百二十八号）第十八条第一項に規定する通算契約期間が五年を超えることとなったものに係る同項に規定する期間の定めのない労働契約の締結の申込みについては、なお従前の例による。

2　新研究開発能力強化法第十五条の二第二項の規定は、同項の有期労働契約（当該有期労働契約の期間のうちに大学に在学している期間を含むものに限る。）であって労働契約法の一部を改正する法律（平成二十四年法律第五十六号）附則第一項ただし書に規定する規定の施行の日から一部施行日の前日までの間の日を契約期間の初日とするものに係る当該大学に在学している期間についても適用する。

本条は、平成二四年改正労働契約法附則第一項ただし書に規定する規定の施行の日（平成二五年四月一日）から改正法一部施行日の前日（平成二六年三月三一日）までに、通算契約期間が五年を超え、すでに無期転換申込権が生じている場合については、今回の特例は適用されず、従前の例（通算契約期間が五年を超えること）により、無期労働契約への転換申込みが可能である旨を定めたものであり、また、平成二五年四月一日から平成二六年三月三一日までの間に、研究開発法人又は大学等を設置する者との間で有期労働契約を締結した場合における当該大学に在学している期間も、通算契約期間に算入されないことを定めたものである。

（大学の教員等の任期に関する法律の一部改正に伴う経過措置）
第五条　新大学教員任期法第七条第一項の教員等であって一部施行日前に労働契約法第十八条第一項に規定する通算契約期間が五年を超えることとなったものに係る同項に規定する期間の定めのない労働契約の締結の申込みについては、なお従前の例による。
2　新大学教員任期法第七条第二項の規定は、同項の期間の定めのある労働契約（当該労働契約の期間のうちに大学に在学している期間を含むものに限る。）であって労働契約法の一部を改正する法律附則第一項ただし書に規定する規定の施行の日から一部施行日の前日までの間の日を契約期間の初日とするものに係る当該大学に在学している期間についても適用する。

本条第一項は、平成二四年改正労働契約法附則第一項ただし書に規定する規定の施行の日（平成二五年四月一日）から改正法一部施行日の前日（平成二六年三月三一日）までに、通算契約期間が五年を超え、すでに無期転換申込権が生じている場合については、今回の特例は適用されず、従前の例（通算契約期間が五年を超えること）により、無期労働契約への転換申込みが可能である旨を定めたものである。

また、本条第2項は、平成二五年四月一日から平成二六年三月三一日までの間に、国立大学法人、公立大学法人若しくは学校法人又は大学共同利用機関法人等との間で有期労働契約（当該有期労働契約期間のうちに大学に在学している期間を含むものに限る。）を締結した場合における当該大学に在学している期間も、通算契約期間に算入されないことを定めたものである。

（独立行政法人科学技術振興機構法の一部改正）

第六条　独立行政法人科学技術振興機構法（平成十四年法律第百五十八号）の一部を次のように改正する。

第十六条中「及び第七号」を「、第七号及び第九号」に改める。

第十八条第九号を同条第十号とし、同条第八号の次に次の一号を加える。

九　研究開発システムの改革の推進等による研究開発能力の強化及び研究開発等の効率的推進等に関する法律（平成二十年法律第六十三号）第四十三条の二の規定による出資並びに人的及び技術的援助を行うこと。

（独立行政法人産業技術総合研究所法の一部改正）

第七条　独立行政法人産業技術総合研究所法（平成十一年法律第二百三号）の一部を次のように改正する。

第十一条第一項第六号を同項第七号とし、同項第五号の次に次の一号を加える。

六　研究開発システムの改革の推進等による研究開発能力の強化及び研究開発等の効率的推進等に関する法律（平成二十年法律第六十三号）第四十三条の二の規定による出資（金銭の出資を除く。）並びに人的及び技術的援助を行うこと。

（独立行政法人新エネルギー・産業技術総合開発機構法の一部改正）

第八条　独立行政法人新エネルギー・産業技術総合開発機構法（平成十四年法律第百四十五号）の一部を次のように改正する。

第十五条第一項第八号の次に次の一号を加える。

八の二　研究開発システムの改革の推進等による研究開発能力の強化及び研究開発等の効率的推進等に関する法律（平成二十年法律第六十三号）第四十三条の二の規定による出資（金銭の出資を除く。）並びに人的及び技術的援助を行うこと。

第四十三条の二の規定に基づき、別表第二に掲げる研究開発法人が、当該研究開発法人の研究成果を事業活動において活用しようとする者に対する出資並びに人的及び技術的援助の業務を行うため、各研究開発法人の個別法を改正するものである。

別表第二に掲げる研究開発法人のうち、科学技術振興機構については金銭を含む出資等が可能である一方、産業技術総合研究所及び新エネルギー・産業技術総合開発機構については、金銭出資を除いた出資等を行うことが可能となっている。

関係資料集

目　次

〈資料1〉 研究開発システムの改革の推進等による研究開発能力の強化及び研究開発等の効率的推進等に関する法律（平成二十年法律第六十三号）

第一章　総則

（目的）

第一条　この法律は、国際的な競争条件の変化、急速な少子高齢化の進展等の経済社会情勢の変化に対応して、研究開発能力の強化及び研究開発等の効率的推進を図ることが喫緊の課題であることにかんがみ、研究開発システムの改革の推進等による研究開発能力の強化及び研究開発等の効率的推進に関し、基本理念を定め、並びに国、地方公共団体並びに研究開発法人、大学等及び事業者の責務等を明らかにするとともに、研究開発システムの改革の推進等による研究開発能力の強化及び研究開発等の効率的推進のために必要な事項等を定めることにより、我が国の国際競争力の強化及び国民生活の向上に寄与することを目的とする。

（定義）

第二条　この法律において「研究開発」とは、科学技術（人文科学のみに係るものを除く。第十五条の二第一項を除き、以下同じ。）に関する試験若しくは研究又は科学技術に関する開発をいう。

2　この法律において「研究開発等」とは、研究開発又は研究開発の成果の普及若しくは実用化をいう。
3　この法律において「研究開発能力」とは、研究開発等を行う能力をいう。
4　この法律において「研究開発システム」とは、研究開発等の推進のための基盤が整備され、科学技術に関する予算、人材その他の科学技術の振興に必要な資源（以下単に「科学技術の振興に必要な資源」という。）が投入されるとともに、研究開発が行われ、その成果の普及及び実用化が図られるまでの仕組み全般をいう。
5　この法律において「イノベーションの創出」とは、新商品の開発又は生産、新役務の開発又は提供、商品の新たな生産又は販売の方式の導入、役務の新たな提供の方式の導入、新たな経営管理方法の導入等を通じて新たな価値を生み出し、経済社会の大きな変化を創出することをいう。
6　この法律において「大学等」とは、大学及び大学共同利用機関をいう。
7　この法律において「試験研究機関等」とは、次に掲げる機関のうち科学技術に関する試験又は研究（第十五条の二第一項を除き、以下単に「研究」という。）を行うもので政令で定めるものをいう。
一　内閣府設置法（平成十一年法律第八十九号）第三十九条及び第五十五条並びに宮内庁法（昭和二十二年法律第七十号）第十六条第二項並びに国家行政組織法（昭和二十三年法律第百二十号）第八条の二に規定する機関
二　内閣府設置法第四十条及び第五十六条並びに国家行政組織法第八条の三に規定する特別の機関又は当該機関に置かれる試験所、研究所その他これらに類する機関
三　内閣府設置法第四十三条及び第五十七条（宮内庁法第十八条第一項において準用する場合を含む。）並びに宮内庁法第十七条第一項並びに国家行政組織法第九条に規定する地方支分部局に置かれる試験所、研究所その他これらに類する機関

四　行政執行法人（独立行政法人通則法（平成十一年法律第百三号）第二条第二項に規定する行政執行法人をいう。以下同じ。）

8　この法律において「研究開発法人」とは、独立行政法人通則法第二条第一項に規定する独立行政法人（以下単に「独立行政法人」という。）であって、研究開発等、研究開発であって公募によるものに係る業務又は科学技術に関する啓発及び知識の普及に係る業務を行うもののうち重要なものとして別表第一に掲げるものをいう。

9　この法律において「国立大学法人等」とは、国立大学法人法（平成十五年法律第百十二号）第二条第五項に規定する国立大学法人等をいう。

10　この法律において「研究者等」とは、科学技術に関する研究者及び技術者（研究開発の補助を行う人材を含む。）をいう。

11　この法律において「研究公務員」とは、試験研究機関等に勤務する次に掲げる国家公務員をいう。

一　一般職の職員の給与に関する法律（昭和二十五年法律第九十五号）第六条第一項の規定に基づき同法別表第七研究職俸給表（次号において「別表第七」という。）の適用を受ける職員並びに同項の規定に基づき同法別表第六教育職俸給表（一）（次号において「別表第六」という。）の適用を受ける職員、同項の規定に基づき同法別表第八医療職俸給表（一）（次号において「別表第八」という。）の適用を受ける職員及び一般職の任期付職員の採用及び給与の特例に関する法律（平成十二年法律第百二十五号）第七条第一項の規定に基づき同項に規定する俸給表（次号において「任期付職員俸給表」という。）の適用を受ける職員のうち研究を行う者として政令で定める者並びに一般職の任期付研究員の採用、給与及び勤務時間の特例に関する法律（平成九年法律第六十五号）第六条第一項又は第二項の規定に基づきこれらの規定に規定する俸給表（次号において「任期付研究員俸給表」という。）の適用を受ける職員（第十四条第二項において「任期付研究員俸給表適用職員」という。）

二　防衛省の職員の給与等に関する法律（昭和二十七年法律第二百六十六号）第四条第一項の規定に基づき別表第七に定める額の俸給が支給される職員並びに同項の規定に基づき別表第六又は別表第八に定める額の俸給が支給される職員、同条第二項の規定に基づき任期付職員俸給表に定める額の俸給が支給される職員及び防衛省設置法（昭和二十九年法律第百六十四号）第三十七条に規定する自衛官のうち研究を行う者として政令で定める者並びに防衛省の職員の給与等に関する法律第四条第三項の規定に基づき任期付研究員俸給表に定める額の俸給が支給される職員

三　行政執行法人に勤務する国家公務員法（昭和二十二年法律第百二十号）第二条に規定する一般職に属する職員のうち研究を行う者として政令で定める者

（基本理念）

第三条　研究開発システムの改革の推進等による研究開発能力の強化及び研究開発等の効率的推進は、研究開発等の推進のための基盤の強化を図りつつ、科学技術の振興に必要な資源を確保するとともに、それが柔軟かつ弾力的に活用され、研究開発等を行う機関（以下「研究開発機関」という。）及び研究者等が、これまでの研究開発の成果の集積を最大限に活用しながら、その研究開発能力を最大限に発揮して研究開発等を行うことができるようにすることにより、我が国における科学技術の水準の向上及びイノベーションの創出を図ることを旨として、行われなければならない。

2　研究開発システムの改革の推進等による研究開発能力の強化及び研究開発等の効率的推進は、科学技術基本法

（平成七年法律第百三十号）第二条に規定する科学技術の振興に関する方針にのっとり、政府の行政改革の基本方針との整合性に配慮して、行われなければならない。

（国の責務）

第四条　国は、前条の基本理念（以下「基本理念」という。）にのっとり、研究開発システムの改革の推進等による研究開発能力の強化及び研究開発等の効率的推進に関する総合的な施策を策定し、及び実施する責務を有する。

（地方公共団体の責務）

第五条　地方公共団体は、基本理念にのっとり、研究開発システムの改革の推進等による研究開発能力の強化及び研究開発等の効率的推進に関し、国の施策に準じた施策及びその地方公共団体の区域の特性を生かした自主的な施策を策定し、及び実施する責務を有する。

（研究開発法人等の責務等）

第六条　研究開発法人、大学等及び事業者は、基本理念にのっとり、その研究開発能力の強化及び研究開発等の効率的推進に努めるものとする。

2　国及び地方公共団体は、研究開発システムの改革の推進等による研究開発能力の強化及び研究開発等の効率的推進に関する施策で大学等に係るものを策定し、及び実施するに当たっては、大学等における研究活動の活性化を図るよう努めるとともに、研究者等の自主性の尊重その他の大学等における研究の特性に配慮しなければならない。

（連携の強化）

第七条　国は、国、地方公共団体、研究開発法人、大学等及び事業者が相互に連携を図りながら協力することにより、研究開発能力の強化及び研究開発等の効率的推進が図られることにかんがみ、これらの者の間の連携の強化に必要な施策を講ずるものとする。

(法制上の措置等)

第八条　政府は、研究開発システムの改革の推進等による研究開発能力の強化及び研究開発等の効率的推進に関する施策を実施するため必要な法制上、財政上又は金融上の措置その他の措置を講じなければならない。

第二章　研究開発等の推進のための基盤の強化

第一節　科学技術に関する教育の水準の向上等

(科学技術に関する教育の水準の向上等)

第九条　国は、科学技術に関する教育の水準の向上及び卓越した研究者等の育成が研究開発能力の強化に極めて重要であることにかんがみ、科学技術に関する教育に従事する教員の能力の向上、科学技術に関する教育における研究者等の活用等による科学技術に関する教育の水準の向上を図るとともに、先導的な科学技術に関する教育への支援その他の卓越した研究者等の育成に必要な施策を講ずるものとする。

(科学技術経営に関する知識の習得の促進等)

第十条　国は、研究開発の成果の実用化及びこれによるイノベーションの創出を図るため、研究者等の科学技術経営(研究開発の成果を資金、設備その他の資源と組み合わせて有効に活用するとともに、将来の活用の内容を展望して研究開発を計画的に展開することをいう。)に関する知識の習得の促進並びに研究者等が研究開発の内容及び成果の有用性等に関する説明を行う能力の向上に必要な施策を講ずるものとする。

（研究開発等に係る運営及び管理に係る業務に関する専門的な知識及び能力を有する人材の確保等の支援）

第十条の二　国は、研究開発能力の強化を図るため、研究開発等に係る企画立案、資金の確保並びに知的財産権の取得及び活用その他の研究開発等に係る運営及び管理に係る業務に関し、専門的な知識及び能力を有する人材の確保その他の取組を支援するために必要な施策を講ずるものとする。

（イノベーションの創出に必要な能力を有する人材の育成の支援）

第十条の三　国は、イノベーションの創出に必要な能力を有する人材の育成を支援するために必要な施策を講ずるものとする。

（技能及び知識の有効な活用及び継承）

第十一条　国は、研究者等（研究者等であった者を含む。）の有する技能及び知識の有効な活用及び継承が研究開発能力の強化に極めて重要であることにかんがみ、その技能及び知識の有効な活用及び継承を図るために必要な施策を講ずるものとする。

第二節　若年研究者等の能力の活用等

（若年研究者等の能力の活用）

第十二条　国は、研究開発等の推進における若年者、女性及び外国人（日本の国籍を有しない者をいう。以下同じ。）である研究者等（以下「若年研究者等」という。）の能力の活用が研究開発能力の強化に極めて重要であることにかんがみ、国の資金（国から研究開発法人に提供された資金その他の国の資金に由来する資金を含む。以下同じ。）により行われる研究開発等の推進における若年研究者等の能力の活用を図るとともに、研究開発法人、大学等及び事業者による若年研究者等の能力の活用の促進に必要な施策を講ずるものとする。

2　研究開発法人、大学等及び事業者は、その研究開発等の推進における若年研究者等の能力の活用を図るよう努めるものとする。

（卓越した研究者等の確保）

第十三条　国は、アジア地域その他の地域の経済の発展等により、卓越した研究者等の確保の重要性が著しく増大していることにかんがみ、海外の地域からの卓越した研究者等の円滑な招へいを不当に阻害する要因の解消その他の卓越した研究者等の確保に必要な施策を講ずるものとする。

2　研究開発法人、大学等及び事業者は、海外の地域における卓越した研究者等の処遇等を勘案し、必要に応じて、卓越した研究者等の給与について他の職員の給与水準に比較して必要な優遇措置を講ずること等により、卓越した研究者等の確保に努めるものとする。

（外国人の研究公務員への任用）

第十四条　国家公務員法第五十五条第一項の規定その他の法律の規定により任命権を有する者（同条第二項の規定によりその任命権が委任されている場合には、その委任を受けた者。以下「任命権者」という。）は、外国人を研究公務員（第二条第十一項第二号に規定する者を除く。）に任用することができる。ただし、次に掲げる職員については、この限りでない。

一　試験研究機関等の長である職員

二　試験研究機関等の長を助け、当該試験研究機関等の業務を整理する職の職員その他これに準ずる職員として

政令で定めるもの

三　試験研究機関等に置かれる支所その他の政令で定める機関の長である職員

2　任命権者は、前項の規定により外国人を研究公務員（第二条第十一項第一号及び第三号に規定する者（一般職の任期付職員の採用及び給与の特例に関する法律第五条第一項に規定する任期付職員並びに任期付研究員俸給表適用職員及び同号に規定する者のうち一般職の任期付研究員の採用、給与及び勤務時間の特例に関する法律第三条第一項の規定により任期を定めて採用された職員を除く。）に限る。第十六条において同じ。）に任用する場合において、当該外国人を任用するために特に必要であるときには、任期を定めることができる。

第三節　人事交流の促進等

（人事交流の促進）

第十五条　国は、研究開発等に係る人事交流の促進により、研究者等の研究開発能力の強化等を図るため、研究開発法人と国立大学法人等との間の人事交流の促進その他の研究開発等に係る人事交流の促進に必要な施策を講ずるものとする。

2　研究開発法人及び国立大学法人等は、必要に応じて、その研究者等が事業者と共にその研究開発の成果の実用化を行うための休暇制度を導入すること、その研究者等が研究開発法人と国立大学法人等との間で転職をしている場合における退職金の算定の基礎となる在職期間についてそれぞれの法人における在職期間を通算すること、その研究者等に退職金の金額に相当する金額を分割してあらかじめ毎年又は毎月給付することその他の研究開発等に係る人事交流の促進のための措置を検討し、その結果に基づき、必要な措置を講ずること等により、その研究開発等に係る人事交流の促進に努めるものとする。

（労働契約法の特例）

第十五条の二　次の各号に掲げる者の当該各号の労働契約に係る労働契約法（平成十九年法律第百二十八号）第十八条第一項の規定の適用については、同項中「五年」とあるのは、「十年」とする。

一　科学技術に関する研究者又は技術者（科学技術に関する試験若しくは研究又は科学技術に関する開発の補助を行う人材を含む。第三号において同じ。）であって研究開発法人又は大学等を設置する者との間で期間の定めのある労働契約（以下この条において「有期労働契約」という。）を締結したもの

二　科学技術に関する試験若しくは研究若しくは科学技術に関する開発又はそれらの成果の普及若しくは実用化に係る企画立案、資金の確保並びに知的財産権の取得及び活用その他の科学技術に関する試験若しくは研究若しくは科学技術に関する開発又はそれらの成果の普及若しくは実用化に係る運営及び管理に係る業務（専門的な知識及び能力を必要とするものに限る。）に従事する者であって研究開発法人又は大学等を設置する者との間で有期労働契約を締結したもの

三　試験研究機関等、研究開発法人及び大学等以外の者が試験研究機関等、研究開発法人又は大学等との協定その他の契約によりこれらと共同して行う科学技術に関する試験若しくは研究若しくは科学技術に関する開発又はそれらの成果の普及若しくは実用化（次号において「共同研究開発等」という。）の業務に専ら従事する科学技術に関する研究者又は技術者であって当該試験研究機関等、研究開発法人及び大学等以外の者との間で有期労働契約を締結したもの

四　共同研究開発等に係る企画立案、資金の確保並びに知的財産権の取得及び活用その他の共同研究開発等に係

る運営及び管理に係る業務（専門的な知識及び能力を必要とするものに限る。）に専ら従事する者であって当該共同研究開発等を行う試験研究機関等、研究開発法人及び大学等以外の者との間で有期労働契約を締結したもの

2　前項第一号及び第二号に掲げる者（大学の学生である者を除く。）のうち大学に在学している間に研究開発法人又は大学等を設置する者との間で有期労働契約（当該有期労働契約の期間のうちに大学に在学している期間を含むものに限る。）を締結していた者の同項第一号及び第二号の労働契約に係る労働契約法第十八条第一項の規定の適用については、当該大学に在学している期間は、同項に規定する通算契約期間に算入しない。

（研究公務員の任期を定めた採用）

第十六条　任命権者は、国家公務員法に基づく人事院規則の定めるところにより、研究公務員の採用について任期を定めることができる。ただし、第十四条の規定の適用がある場合は、この限りでない。

（研究公務員に関する国家公務員退職手当法の特例）

第十七条　研究公務員が、国及び行政執行法人以外の者が国（当該研究公務員が行政執行法人の職員である場合にあっては、当該行政執行法人。以下この条において同じ。）と共同して行う研究又は国の委託を受けて行う研究（以下この項において「共同研究等」という。）に従事するため国家公務員法第七十九条又は自衛隊法（昭和二十九年法律第百六十五号）第四十三条の規定により休職にされた場合において、当該共同研究等への従事が当該共同研究等の効率的実施に特に資するものとして政令で定める要件に該当するときは、研究公務員に関する国家公務員退職手当法（昭和二十八年法律第百八十二号）第六条の四第一項及び第七条第四項の規定の適用については、当該休職に係る期間は、同法第六条の四第一項に規定する現実に職務をとることを要しない期間には該当しない

ものとみなす。

2　前項の規定は、研究公務員が国以外の者から国家公務員退職手当法の規定による退職手当に相当する給付として政令で定めるものの支払を受けた場合には、適用しない。

3　前項に定めるもののほか、第一項の規定の適用に関し必要な事項は、政令で定める。

（研究集会への参加）

第十八条　研究公務員が、科学技術に関する研究集会への参加（その準備行為その他の研究集会に関連する事務への参加を含む。）を申し出たときは、任命権者は、その参加が、研究に関する国と国以外の者との間の交流及び行政執行法人と行政執行法人以外の者との間の交流の促進に特に資するものであり、かつ、当該研究公務員の職務に密接な関連があると認められる場合には、当該研究公務員の所属する試験研究機関等の研究業務の運営に支障がない限り、その参加を承認することができる。

第四節　国際交流の促進等

（国際的に卓越した研究開発等の拠点の整備、充実等）

第十九条　国は、国際的視点に立った研究開発能力の強化を図るため、国の資金により行われる研究開発等の実施における卓越した外国人の研究者等の招へい、国際的に卓越した研究開発等に係る環境の整備、一の研究開発等における多数の研究開発機関の研究者等の能力の活用その他の国際的に卓越した研究開発等を行う拠点の整備、充実等に必要な施策を講ずるものとする。

（国際的な交流を促進するに当たっての配慮）

第二十条　国は、国の資金により行われる研究開発等に関し国際的な交流を促進するに当たっては、条約その他の国際約束を誠実に履行すべき義務並びに国際的な平和及び安全の維持並びに我が国の国際競争力の維持について配慮しなければならない。

（国の行う国際共同研究に係る特許発明等の実施）

第二十一条　国は、外国若しくは外国の公共的団体又は国際機関と共同して行った研究（基盤技術研究円滑化法（昭和六十年法律第六十五号）第四条に規定する基盤技術に関する試験研究を除く。）の成果に係る国有の特許権及び実用新案権のうち政令で定めるものについて、これらの者その他の政令で定める者に対し通常実施権の許諾を行うときは、その許諾を無償とし、又はその許諾の対価を時価よりも低く定めることができる。

（国の委託に係る国際共同研究の成果に係る特許権等の取扱い）

第二十二条　国は、その委託に係る研究であって本邦法人と外国法人、外国若しくは外国の公共的団体又は国際機関（第三号において「外国法人等」という。）とが共同して行うものの成果について、産業技術力強化法（平成十二年法律第四十四号）第十九条第一項に定めるところによるほか、次に掲げる取扱いをすることができる。

一　当該成果に係る特許権若しくは実用新案権又は特許を受ける権利若しくは実用新案登録を受ける権利のうち政令で定めるものについて、政令で定めるところにより、その一部のみを受託者から譲り受けること。

二　当該成果に係る特許権又は実用新案権のうち政令で定めるものが国と国以外の者であって政令で定めるものとの共有に係る場合において、当該国以外の者のその特許発明又は登録実用新案の実施について、国の持分に係る対価を受けず、又は時価よりも低い対価を受けること。

三　当該成果に係る国有の特許権又は実用新案権のうち政令で定めるものについて、当該特許に係る発明又は実用新案登録に係る考案をした者が所属する本邦法人又は外国法人等その他の政令で定める者に対し、通常実施権の許諾を無償とし、又はその許諾の対価を時価よりも低く定めること。

（国の行う国際共同研究に係る損害賠償の請求権の放棄）

第二十三条　国は、外国若しくは外国の公共的団体又は国際機関と共同して行う研究のうち政令で定めるものについて、これらの者その他の政令で定める者（以下この条において「外国等」という。）に対し、次に掲げる国の損害賠償の請求権を放棄することができる。

一　当該研究が行われる期間において当該研究の活動により生じた国有の施設、設備、機械器具及び資材の滅失又は損傷に関する外国等に対する国の損害賠償の請求権

二　当該研究が行われる期間において当該研究の活動により国家公務員災害補償法（昭和二十六年法律第百九十一号）第一条第一項又は防衛省の職員の給与等に関する法律第一条に規定する職員につき生じた公務上の災害に関し、国が国家公務員災害補償法第十条、第十二条から第十三条まで、第十五条及び第十八条の規定（防衛省の職員の給与等に関する法律第二十七条第一項において準用する場合を含む。）に基づき補償を行ったことにより国家公務員災害補償法第六条第一項の規定（防衛省の職員の給与等に関する法律第二十七条第一項において準用する場合を含む。）に基づき取得した外国等に対する損害賠償の請求権

第五節　研究開発法人における人材活用等に関する方針等

第二十四条　研究開発法人は、内閣総理大臣の定める基準に即して、その研究開発等の推進のための基盤の強化のうち人材の活用等に係るものに関する方針（以下この条において「人材活用等に関する方針」という。）を作成

しなければならない。

2　人材活用等に関する方針は、次に掲げる事項について定めるものとする。

一　研究開発等の推進における若年研究者等の能力の活用に関する事項

二　卓越した研究者等の確保に関する事項

三　研究開発等に係る人事交流の促進に関する事項

四　その他研究開発等の推進のための基盤の強化のうち人材の活用等に係るものに関する重要事項

3　研究開発法人は、人材活用等に関する方針を作成したときは、遅滞なく、これを公表しなければならない。これを変更したときも同様とする。

4　研究開発法人は、人材活用等に関する方針に基づき、その人材の活用等に係る研究開発等の推進のための基盤の強化を図るものとする。

5　国立大学法人等は、研究者等の自主性の尊重その他の大学等における研究の特性に配慮しつつ、必要に応じて、前各項の規定による研究開発法人の人材の活用等に係る研究開発等の推進のための基盤の強化に準じ、その人材の活用等に係る研究開発等の推進のための基盤の強化を図るよう努めるものとする。

第三章　競争の促進等

（競争の促進）

第二十五条　国は、研究開発等に係る競争の促進を図るため、国の資金により行われる研究開発における公募型研究開発（国の資金により行われる研究開発であって公募によるものをいう。以下同じ。）の更なる活用その他の研究開発機関相互間及び研究者等相互間の公正な競争の促進に必要な施策を講ずるものとする。

（公募型研究開発に係る資金の統一的な使用の基準の整備）

第二十六条　国は、公募型研究開発の効率的推進を図るため、異なる種類の公募型研究開発に係る資金について、可能な限り、統一的な使用の基準の整備を行うものとする。

（独立行政法人への業務の移管等）

第二十七条　国は、公募型研究開発の効率的推進を図るため、その公募型研究開発に係る業務の全部又は一部を独立行政法人に移管することが公募型研究開発の効率的推進に資すると認めるときは、可能な限り、これを独立行政法人に移管するものとする。

2　公募型研究開発に係る業務を行う独立行政法人は、その完了までに数年度を要する公募型研究開発を委託して行わせる場合において、可能な限り、数年度にわたり研究開発を行わせる契約を受託者と締結すること等により公募型研究開発に係る資金の効率的な使用が図られるよう努めるものとする。

第四章　国の資金により行われる研究開発等の効率的推進等

第一節　科学技術の振興に必要な資源の柔軟かつ弾力的な配分等

（科学技術の振興に必要な資源の柔軟かつ弾力的な配分等）

第二十八条　国は、研究開発能力の強化を図るため、我が国の国際競争力の強化等の重要性に鑑み、科学技術に関する内外の動向、多様な分野の研究開発の国際的な水準等を踏まえ、効率性に配慮しつつ、科学技術の振興に必要な資源の柔軟かつ弾力的な配分を行うものとする。

2　国は、前項に定めるもののほか、我が国及び国民の安全に係る研究開発等並びに成果を収めることが困難であっても成果の実用化により極めて重要なイノベーションの創出をもたらす可能性のある革新的な研究開発を推進することの重要性に鑑み、これらに必要な資源の配分を行うものとする。

3　国は、第一項の場合において、我が国及び国民の安全又は経済社会の存立の基盤をなす科学技術については、長期的な観点からその育成及び水準の向上を図るとともに、科学技術の振興に必要な資源の安定的な配分を行うよう配慮しなければならない。

4　国は、第一項の場合において、公募型研究開発とそれ以外の国の資金により行われる研究開発のそれぞれの役割を踏まえ、これらについて調和のとれた科学技術の振興に必要な資源の配分を行うこと等により、これらが互いに補完して、研究開発能力の強化及び国の資金により行われる研究開発等の効率的推進が図られるよう配慮しなければならない。

（会計の制度の適切な活用等）

第二十九条　国、研究開発法人及び国立大学法人等は、国の資金により行われる研究開発等の効率的推進を図るため、国の資金により行われる研究開発等において、研究開発等に係る経費を翌年度に繰り越して使用することその他の会計の制度の適切な活用を図るとともに、その経理事務の合理化を図るよう努めるものとする。

（国の資金の不正な使用の防止）

第三十条　国は、研究開発等に係る国の資金の不正な使用の防止が国の資金により行われる研究開発等の効率的推進に極めて重要であることにかんがみ、その防止のための体制の強化を図るために必要な施策を講ずるものとする。

第二節　研究開発法人及び大学等の研究開発能力の強化等

（事業者等からの資金の受入れの促進等）

第三十一条　国は、研究開発法人及び大学等の事業者との連携を通じた研究開発能力の強化並びにこれらの経営努力の促進等を図るため、事業者と共同して又はその委託を受けて行う研究開発等に関し事業者から提供される資金その他の事業者等からの資金（国の資金であるものを除く。以下この条において単に「事業者等からの資金」という。）により行われる研究開発等とあいまってこれらの研究開発能力の強化に資するものとなるよう配慮しつつ、これらによる事業者等からの資金の受入れ及び事業者等からの資金により行われる研究開発等の促進に必要な施策を講ずるものとする。

2　研究開発法人及び大学等は、その研究開発等について、事業者等からの資金により行われる研究開発等が国の資金により行われる研究開発等とあいまってその研究開発能力の強化に資するものとなるよう配慮しつつ、事業者等からの資金の受入れ及び事業者等からの資金により行われる研究開発等の推進に努めるものとする。

（研究開発法人の自律性、柔軟性及び競争性の向上等）

第三十二条　国は、研究開発法人が研究開発能力の強化及び国の資金により行われる研究開発等の効率的推進並びにイノベーションの創出のための極めて重要な基盤となっていること、研究開発法人における卓越した研究者等の確保が著しく重要になっていること等にかんがみ、研究開発法人について、その運営の効率化を図りつつ、柔軟かつ弾力的に科学技術の振興に必要な資源の確保を図るとともに、その自律性、柔軟性及び競争性の更なる向上並びに国の資金により行われる研究開発等の推進におけるその能力の積極的な活用を図るために必要な施策を講ずるものとする。

２　国は、大学等が研究開発能力の強化及び国の資金により行われる研究開発等の効率的推進並びにイノベーションの創出のための極めて重要な基盤となっていること、大学等における卓越した研究者等の確保が著しく重要になっていること等にかんがみ、大学等について、柔軟かつ弾力的に科学技術の振興に必要な資源の確保を図るとともに、国の資金により行われる研究開発等の推進におけるその能力の積極的な活用を図るために必要な施策を講ずるものとする。

（迅速かつ効果的な物品及び役務の調達）

第三十二条の二　国は、研究開発法人及び大学等の研究開発能力の強化を図るため、研究開発法人及び大学等が研究開発等の特性を踏まえて迅速かつ効果的に物品及び役務の調達を行うことができるよう必要な措置を講ずるものとする。

（簡素で効率的な政府を実現するための行政改革の推進に関する法律の運用上の配慮）

第三十三条　研究開発法人の研究者に係る簡素で効率的な政府を実現するための行政改革の推進に関する法律（平成十八年法律第四十七号）第五十三条第一項の規定の運用に当たっては、同法の基本理念にのっとり研究開発法人の運営の効率化を図りつつ、研究開発能力の強化及び国の資金により行われる研究開発等の効率的推進が図られるよう配慮しなければならない。

第三節　研究開発等の適切な評価等

第三十四条　国は、国の資金により行われる研究開発等の適切な評価が研究開発能力の強化及び当該研究開発等の効率的推進に極めて重要であることに鑑み、研究者等の事務負担が過重なものとならないよう配慮しつつ、当該研究開発等について、国際的な水準を踏まえるとともに、新規性の程度、革新性の程度等を踏まえて適切な評価を行い、その結果を科学技術の振興に必要な資源の配分の在り方その他の国の資金により行われる研究開発等の推進の在り方に反映させるものとする。

2　国は、国の資金により行われる研究開発等の適切な評価が研究開発能力の強化及び当該研究開発等の効率的推進に極めて重要であることに鑑み、研究開発等の評価に関する高度な能力を有する人材の確保その他の取組を支援するために必要な施策を講ずるものとする。

3　研究開発法人及び国立大学法人等は、その研究者等の事務負担が過重なものとならないよう配慮しつつ、その研究開発等及びその研究者等の研究開発能力等の適切な評価を行うよう努めるものとする。

第五章　研究開発の成果の実用化の促進等

第一節　研究開発施設等の共用の促進等

（研究開発施設等の共用及び知的基盤の供用の促進）

第三十五条　国は、研究開発に係る施設及び設備（以下この条において「研究開発施設等」という。）の共用並びに研究材料、計量の標準、科学技術に関する情報その他の研究開発の推進のための知的基盤をなすもの（以下この条において「知的基盤」という。）の供用の促進を図るため、国、研究開発法人及び国立大学法人等が保有する研究開発施設等及び知的基盤のうち研究者等の利用に供するものについて、研究者等が当該研究開発施設等及び知的基盤を利用するために必要な情報の提供その他の当該研究開発施設等及び知的基盤を広く研究者等の利用に供するために必要な施策を講ずるものとする。

2　研究開発法人及び国立大学法人等は、その保有する研究開発施設等及び知的基盤のうち研究者等の利用に供するものについて、可能な限り、広く研究者等の利用に供するよう努めるものとする。

（国有施設等の使用）

第三十六条　国は、事業者の研究開発能力の強化等を図るため、政令で定めるところにより、国が現に行っている研究と密接に関連し、かつ、当該研究の効率的推進に特に有益である研究を行う者に対し、その者がその研究のために試験研究機関等その他の政令で定める国の機関の国有の試験研究施設を使用して得た記録、資料その他の研究の結果を国に政令で定める条件で提供することを約するときは、当該試験研究施設の使用の対価を時価よりも低く定めることができる。

2　国は、事業者の研究開発能力の強化等を図るため、政令で定めるところにより、国以外の者であって、試験研究機関等その他の政令で定める国の機関と共同して行う研究に必要な施設を当該機関の敷地内に整備し、当該施設においてその研究を行おうとするものに対し、その者が当該施設において行った研究により得た記録、資料その他の研究の結果を国に政令で定める条件で提供することを約するときは、当該施設の用に供する土地の使用の対価を時価よりも低く定めることができる。

（国有施設等の使用に関する条件の特例）

第三十七条　国の行政機関の長は、試験研究機関等その他の政令で定める国の機関のうち、その所管するものであって当該国の機関が行う特定の分野に関する研究に係る状況が次の各号のいずれにも適合するものを、官報で公示するものとする。

一　当該国の機関において当該特定の分野に関する研究に関する国以外の者との交流の実績が相当程度あり、かつ、その交流の一層の促進を図ることが当該特定の分野に関する研究の効率的推進に相当程度寄与するものであると認められること。

二　当該国の機関を中核として、その周辺に当該国の機関が行う当該特定の分野に関する研究と関連する研究を行う国以外の者の施設が相当程度集積するものと見込まれること。

2　中核的研究機関（前項の規定により公示された国の機関をいう。）に対する前条の規定の適用については、同条第一項中「国が」とあるのは「中核的研究機関が」と、「密接に関連し、かつ、当該研究の効率的推進に特に有益である」とあるのは「関連する」と、「試験研究機関等その他の政令で定める国の機関」とあるのは「中核的研究機関」と、「提供する」とあるのは「提供し、又は中核的研究機関の国有の試験研究施設を使用して行った研究の成果を国に報告する」と、同条第二項中「試験研究機関等その他の政令で定める国の機関と共同して行う研究」とあるのは「中核的研究機関と共同して行う研究、中核的研究機関が現に行っている研究と密接に関連し、かつ、当該研究の効率的推進に特に有益である研究又は中核的研究機関が行った研究の成果を活用する研究」と、「提供する」とあるのは「提供し、又は当該施設において行った研究の成果を国に報告する」とする。

第二節　研究開発の成果の実用化等を不当に阻害する要因の解消等

（研究開発の成果の実用化等を不当に阻害する要因の解消）

第三十八条　国は、研究開発の成果の実用化及びこれによるイノベーションの創出を図るため、これらを不当に阻害する要因の調査を行い、その結果に基づき、規制の見直しその他の当該要因の解消に必要な施策を講ずるものとする。

（国の資金により行われる研究開発に係る収入及び設備その他の物品の有効な活用）

第三十九条　国は、研究開発の成果の実用化及びこれによるイノベーションの創出を図る等のため、国の資金により行われる研究開発に係る収入及び設備その他の物品の取扱いについて、これらが、当該研究開発の成果の実用化及び更なる研究開発の推進に有効に活用されるよう配慮するものとする。

（特許制度の国際的な調和の実現等）

第四十条　国は、特許制度の国際的な調和が研究開発の成果の適切な保護を図るために極めて重要であることにかんがみ、特許制度の国際的な調和の実現を図るために必要な施策を講ずるものとする。

2　国は、事業者が研究開発の成果に係る知的財産権を行使して、正当な利益を確保することが、その研究開発能力の強化に極めて重要であることにかんがみ、国際的な連携に配慮しつつ、知的財産権を侵害する事犯の取締りを行うことその他の方法により知的財産権が安定的に保護されるための環境の整備に必要な施策を講ずるものとする。

3　研究開発法人、大学等及び事業者は、その研究開発等の効率的推進を図るため、その研究開発において特許に関する情報の活用に努めるものとする。

（研究開発の成果の国外流出の防止）

第四十一条　国は、研究開発の成果の適切な保護を図るため、国の資金により行われる研究開発の成果について、我が国の国際競争力の維持に支障を及ぼすこととなる国外流出の防止に必要な施策を講ずるものとする。

2　研究開発法人、大学等及び事業者は、その研究開発の成果について、我が国の国際競争力の維持に支障を及ぼすこととなる国外流出の防止に努めるものとする。

（国際標準への適切な対応）

第四十二条　国は、研究開発の成果に係る国際的な標準（以下この条において「国際標準」という。）への適切な対応が研究開発の成果の実用化及びこれによるイノベーションの創出に極めて重要であることにかんがみ、国際標準に関する啓発及び知識の普及、国際標準に関する国際機関その他の国際的な枠組みへの参画その他の国際標準への適切な対応に必要な施策を講ずるものとする。

2　研究開発法人、大学等及び事業者は、必要に応じて、国際標準に関する専門的知識を有する人材を確保し及び育成すること、その研究開発の成果に係る仕様等を国際標準とすること、その研究開発等の推進において国際標準を積極的に活用することその他の国際標準への適切な対応に努めるものとする。

（未利用成果の積極的な活用）

第四十三条　国は、研究開発の成果の実用化及びこれによるイノベーションの創出を図るため、国、研究開発法人、大学等及び事業者の研究開発の成果のうち、活用されていないもの（次項において「未利用成果」という。）について、その積極的な活用を図るために必要な施策を講ずるものとする。

2　研究開発法人、大学等及び事業者は、未利用成果の積極的な活用に努めるものとする。

（研究開発法人による出資等の業務）

第四十三条の二　研究開発法人のうち、実用化及びこれによるイノベーションの創出を図ることが特に必要な研究開発の成果を保有するものとして別表第二に掲げるものは、研究開発の成果の実用化及びこれによるイノベーションの創出を図るため、独立行政法人通則法第一条第一項に規定する個別法の定めるところにより、当該研究開発法人の研究開発の成果を事業活動において活用しようとする者に対する出資並びに人的及び技術的援助の業務を行うことができる。

（中小企業者その他の事業者の革新的な研究開発の促進等）

第四十四条　国は、中小企業者その他の事業者が研究開発能力の強化及び研究開発等の効率的推進並びにイノベーションの創出に極めて重要な役割を果たすものであることにかんがみ、その革新的な研究開発の促進に必要な施策を講ずるものとする。

２　研究開発法人及び国立大学法人等は、研究開発法人又は国立大学法人等を当事者の一方とする契約で役務の給付又は物件の納入に対し当該研究開発法人又は国立大学法人等が対価の支払をすべきものを締結するに当たっては、予算の適正な使用に留意しつつ、革新的な研究開発を行う中小企業者の受注の機会の増大を図るよう努めるものとする。

（研究開発等を支援するための事業の振興）

第四十五条　国は、研究開発等を支援するための事業を行う者が研究開発等の効率的推進に極めて重要な役割を果たすものであることにかんがみ、当該事業の振興に必要な施策を講ずるものとする。

（国の受託研究の成果に係る特許権等の譲与）

第四十六条　国は、国以外の者から委託を受けて行った研究の成果に係る国有の特許権又は実用新案権の一部を、政令で定めるところにより、当該国以外の者に譲与することができる。

第六章　研究開発システムの改革に関する内外の動向等の調査研究等

第四十七条　国は、研究開発システムの改革に関する内外の動向、多様な分野の研究開発の国際的な水準、研究開発等に係る費用と便益の比較その他の方法による異なる分野の研究開発等の重要性の比較、国の資金により行われる研究開発等のイノベーションの創出への影響並びに著しい新規性を有し又は著しく創造的な分野を対象とする研究開発であってその成果の実用化により極めて重要なイノベーションの創出をもたらす可能性のあるもの及び社会科学又は経営管理方法への自然科学の応用に関する研究開発の推進の在り方について、調査研究を行い、その結果を研究開発システム及び国の資金により行われる研究開発等の推進の在り方に反映させるものとする。

第七章　研究開発法人に対する主務大臣の要求

第四十八条　主務大臣（独立行政法人通則法第六十八条に規定する主務大臣をいう。以下この条において同じ。）は、同法第一条第一項に規定する個別法に基づき、主務大臣が研究開発法人に対し、必要な措置をとることを求めることができるときのほか、研究開発等に関する条約その他の国際約束を我が国が誠実に履行するため必要があると認めるとき又は災害その他非常の事態が発生し、若しくは発生するおそれがある場合において、国民の生命、身体若しくは財産を保護するため緊急の必要があると認めるときは、研究開発法人に対し、必要な措置をとることを求めることができる。

２　研究開発法人は、主務大臣から前項の規定による求めがあったときは、その求めに応じなければならない。

第八章　研究開発等を行う法人に関する新たな制度の創設

第四十九条　政府は、独立行政法人の制度及び組織の見直しの状況を踏まえつつ、研究開発等を行う法人が世界最高水準の研究開発等を行って最大の成果を創出するための運営を行うことを可能とする新たな制度（以下「新制度」という。）を創設するため、次に掲げる事項を基本として必要な法制上の措置を速やかに講ずるものとする。

一　新制度における研究開発等を行う法人（以下「新法人」という。）を設立する主たる目的は、研究開発等により最大の成果を創出することとすること。

二　新法人は、研究開発等に係る国の方針に基づき、大学又は民間企業が取り組み難い課題に取り組むことを重要な業務とすること。

三　新法人が国際競争力の高い人材を確保することを可能とすること。

四　新法人が行う研究開発等について、国際的な水準を踏まえて専門的な評価が実施されるようにすること。

五　新法人を所管する大臣の下に研究開発等に関する審議会を設置すること。この場合において、外国人を当該審議会の委員に任命することができるものとすること。

六　新法人が業務の計画の期間を長く設定することを可能とすること。
七　新法人が行う研究開発の成果を最大のものとするため、新制度の運用が研究開発等の特性を踏まえたものとなるようにすること。
2　新制度においては、新法人の研究者、技術者等の給与水準の見直し、業務運営の効率化に関する目標の在り方の見直し、新法人が行う研究開発等に係る物品及び役務の調達に関する契約等に係る仕組みの改善、新法人がその活動によって得た収入に係る仕組みの見直し、新法人の研究開発等に係る経費の繰越しに係る仕組みの柔軟化等が実現される仕組みとすることとする。

附　則　抄

（施行期日）
第一条　この法律は、公布の日から起算して六月を超えない範囲内において政令で定める日から施行する。ただし、附則第七条の規定はこの法律の公布の日又は独立行政法人気象研究所法（平成二十年法律第　　　号）の公布の日のいずれか遅い日から、附則第八条の規定はこの法律の公布の日又は高度専門医療に関する研究等を行う独立行政法人に関する法律（平成二十年法律第九十三号）の公布の日のいずれか遅い日から施行する。

（経過措置）
第三条　この法律の施行前に前条の規定による廃止前の研究交流促進法（以下「旧法」という。）（第六条を除く。

以下この条において同じ。）又は旧法に基づく命令の規定によりした処分、手続その他の行為は、この法律又はこの法律に基づく命令の相当する規定によりした処分、手続その他の行為とみなす。

第四条　この法律の施行前に旧法第六条第一項に規定する共同研究等に従事するため国家公務員法第七十九条又は自衛隊法第四十三条の規定により休職にされた旧法第二条第三項に規定する研究公務員については、旧法第六条の規定は、なおその効力を有する。

第五条　この法律の施行前に旧法第十二条第一項の規定によりされた公示で、この法律の施行の際現に効力を有するものは、第三十七条第一項の規定によりされた公示とみなす。

（検討）

第六条　政府は、この法律の施行後三年以内に、更なる研究開発能力の強化及び研究開発等の効率的推進の観点からの研究開発システムの在り方に関する総合科学技術会議における検討の結果を踏まえ、この法律の施行の状況、研究開発システムの改革に関する内外の動向の変化等を勘案し、この法律の規定について検討を加え、必要があると認めるときは、その結果に基づいて必要な措置を講ずるものとする。

附　則（平成二十年十二月十九日法律第九十三号）抄

（施行期日）
第一条　この法律は、平成二十二年四月一日から施行する。ただし、次の各号に掲げる規定は、当該各号に定める日から施行する。
一　第二十七条並びに附則第三条、第八条、第十九条、第二十条及び第二十五条の規定　公布の日

附　則（平成二十一年七月十日法律第七十六号）抄

（施行期日）
第一条　この法律は、公布の日から起算して三年を超えない範囲内において政令で定める日から施行する。ただし、次の各号に掲げる規定は、当該各号に定める日から施行する。
一　次項、次条、附則第四条第二項及び第三項、第十三条並びに第二十二条の規定　公布の日

（調整規定）
第二十二条　この法律の公布の日が、雇用保険法等の一部を改正する法律（平成二十一年法律第五号）の公布の日前である場合には、附則第十九条の規定の適用については同条中「第百五十五条」とあるのは「第百五十四条」と、「第百五十六条」とあるのは「第百五十五条」と、「第百五十四条」とあるのは「第百五十三条」とし、同法附則第十八条の規定の適用については同条中「第百五十四条」とあるのは「第百五十五条」と、「第百五十五条」と

あるのは「第百五十六条」とする。

附　則（平成二十五年十二月十三日法律第九十九号）

（施行期日）

第一条　この法律は、公布の日から施行する。ただし、第一条中研究開発システムの改革の推進等による研究開発能力の強化及び研究開発等の効率的推進等に関する法律第二条の改正規定、同法第十五条の次に一条を加える改正規定、同法第四十三条の次に一条を加える改正規定及び同法別表を別表第一とし、同表の次に一表を加える改正規定、第二条の規定並びに附則第四条から第八条までの規定は、平成二十六年四月一日から施行する。

（検討）

第二条　国は、第一条の規定による改正後の研究開発システムの改革の推進等による研究開発能力の強化及び研究開発等の効率的推進等に関する法律（以下「新研究開発能力強化法」という。）及び第二条の規定による改正後の大学の教員等の任期に関する法律（以下「新大学教員任期法」という。）の施行状況等を勘案して、新研究開発能力強化法第十五条の二第一項各号に掲げる者及び新大学教員任期法第七条第一項の教員等の雇用の在り方について検討を加え、その結果に基づいて必要な措置を講ずるものとする。

2　新研究開発能力強化法第十五条の二第一項第三号及び第四号に掲げる者についての特例は、事業者において雇用される者のうち、研究開発能力の強化等の観点から特に限定して設けられたものであり、国は、その雇用の在り方について、期間の定めのない雇用形態を希望する者等がいることも踏まえ、研究者等の雇用の安定が図られることが研究環境の早期の改善に資するという観点から、研究者等が相互に競争しながら能力の向上を図ることの重要性にも十分配慮しつつ、検討を加え、その結果に基づいて必要な措置を講ずるものとする。

第三条　国は、研究開発法人（新研究開発能力強化法第二条第八項に規定する研究開発法人をいう。以下同じ。）の業務の実施状況等を勘案し、研究開発法人が新研究開発能力強化法第四十三条の二の規定による出資並びに人的及び技術的援助の業務を行うことの適否について検討を加え、必要があると認めるときは、その結果に基づいて必要な措置を講ずるものとする。

2　政府は、関係機関等が連携協力することが研究開発（新研究開発能力強化法第二条第一項に規定する研究開発をいう。）の成果の実用化及びこれによるイノベーションの創出（同条第五項に規定するイノベーションの創出をいう。）に重要であることに鑑み、関係省庁相互間その他関係機関及び民間団体等の間の連携協力体制の整備について速やかに検討を加え、その結果に基づいて必要な措置を講ずるものとする。

（研究開発システムの改革の推進等による研究開発能力の強化及び研究開発等の効率的推進等に関する法律の一部改正に伴う経過措置）

第四条　新研究開発能力強化法第十五条の二第一項各号に掲げる者であって附則第一条ただし書に規定する規定の施行の日（以下「一部施行日」という。）前に労働契約法（平成十九年法律第百二十八号）第十八条第一項に規定する通算契約期間が五年を超えることとなったものに係る同項に規定する期間の定めのない労働契約の締結の申込みについては、なお従前の例による。

2　新研究開発能力強化法第十五条の二第二項の規定は、同項の有期労働契約（当該有期労働契約の期間のうちに大学に在学している期間を含むものに限る。）であって労働契約法の一部を改正する法律（平成二十四年法律第五十六号）附則第一項ただし書に規定する規定の施行の日から一部施行日の前日までの間の日を契約期間の初日とするものに係る当該大学に在学している期間についても適用する。

附　則（平成二十六年五月二十一日法律第三十八号）抄

（施行期日）

第一条　この法律は、公布の日から起算して一年を超えない範囲内において政令で定める日から施行する。

附　則（平成二十六年五月三十日法律第四十九号）抄

（施行期日）

第一条　この法律は、公布の日から施行する。

附　則（平成二十六年六月十三日法律第六十七号）抄

（施行期日）

第一条　この法律は、独立行政法人通則法の一部を改正する法律（平成二十六年法律第六十六号。以下「通則法改正法」という。）の施行の日から施行する。ただし、次の各号に掲げる規定は、当該各号に定める日から施行する。

一　附則第十四条第二項、第十八条及び第三十条の規定　公布の日

（研究開発システムの改革の推進等による研究開発能力の強化及び研究開発等の効率的推進等に関する法律の一部改正に伴う経過措置）

第十九条　この法律の施行前に第九十九条の規定による改正前の研究開発システムの改革の推進等による研究開発能力の強化及び研究開発等の効率的推進等に関する法律（以下この条において「旧研究開発能力強化法」という。）第十七条第一項に規定する共同研究等であって特定独立行政法人に係るものに従事するため国家公務員法第七十九条又は自衛隊法第四十三条の規定により休職にされた旧研究開発能力強化法第二条第十一項に規定する研究公務員の当該休職に係る期間で、旧研究開発能力強化法第十七条第一項の規定に基づき国家公務員退職手当法第六条の四第一項に規定する現実に職務をとることを要しない期間には該当しないものとみなされていたものに係る同法の規定の適用については、なお従前の例による。

（処分等の効力）

第二十八条　この法律の施行前にこの法律による改正前のそれぞれの法律（これに基づく命令を含む。）の規定によってした又はすべき処分、手続その他の行為であってこの法律による改正後のそれぞれの法律（これに基づく

命令を含む。以下この条において「新法令」という。）に相当の規定があるものは、法律（これに基づく政令を含む。）に別段の定めのあるものを除き、新法令の相当の規定によってした又はすべき処分、手続その他の行為とみなす。

（罰則に関する経過措置）

第二十九条　この法律の施行前にした行為及びこの附則の規定によりなおその効力を有することとされる場合におけるこの法律の施行後にした行為に対する罰則の適用については、なお従前の例による。

（その他の経過措置の政令等への委任）

第三十条　附則第三条から前条までに定めるもののほか、この法律の施行に関し必要な経過措置（罰則に関する経過措置を含む。）は、政令（人事院の所掌する事項については、人事院規則）で定める。

別表第一（第二条関係）

一　国立研究開発法人日本医療研究開発機構

二　国立研究開発法人情報通信研究機構

三　独立行政法人酒類総合研究所

四　独立行政法人国立科学博物館

五　国立研究開発法人物質・材料研究機構
六　国立研究開発法人防災科学技術研究所
七　国立研究開発法人放射線医学総合研究所
八　国立研究開発法人科学技術振興機構
九　独立行政法人日本学術振興会
十　国立研究開発法人理化学研究所
十一　国立研究開発法人宇宙航空研究開発機構
十二　国立研究開発法人海洋研究開発機構
十三　国立研究開発法人日本原子力研究開発機構
十四　削除
十五　独立行政法人労働安全衛生総合研究所
十六　国立研究開発法人医薬基盤・健康・栄養研究所
十七　国立研究開発法人国立がん研究センター
十八　国立研究開発法人国立循環器病研究センター
十九　国立研究開発法人国立精神・神経医療研究センター
二十　国立研究開発法人国立国際医療研究センター
二十一　国立研究開発法人国立成育医療研究センター
二十二　国立研究開発法人国立長寿医療研究センター

二十三　国立研究開発法人農業・食品産業技術総合研究機構
二十四　国立研究開発法人農業生物資源研究所
二十五　国立研究開発法人農業環境技術研究所
二十六　国立研究開発法人国際農林水産業研究センター
二十七　国立研究開発法人森林総合研究所
二十八　国立研究開発法人水産総合研究センター
二十九　国立研究開発法人産業技術総合研究所
三十　独立行政法人石油天然ガス・金属鉱物資源機構
三十一　国立研究開発法人新エネルギー・産業技術総合開発機構
三十二　国立研究開発法人土木研究所
三十三　国立研究開発法人建築研究所
三十四　独立行政法人交通安全環境研究所
三十五　国立研究開発法人海上技術安全研究所
三十六　国立研究開発法人港湾空港技術研究所
三十七　国立研究開発法人電子航法研究所
三十八　国立研究開発法人国立環境研究所

別表第二（第四十三条の二関係）

一　国立研究開発法人科学技術振興機構

二　国立研究開発法人産業技術総合研究所

三　国立研究開発法人新エネルギー・産業技術総合開発機構

〈資料２〉　研究開発システムの改革の推進等による研究開発能力の強化及び研究開発等の効率的推進等に関する法律及び大学の教員等の任期に関する法律の一部を改正する法律案に対する附帯決議（平成二五年一一月二九日、衆議院文部科学委員会）

政府及び関係者は、本法の施行に当たり、次の事項について特段の配慮をすべきである。

一　本法で労働契約法の特例措置を講じたことは、あくまで例外であることを踏まえ、その趣旨に反して他の職種にも適用されることがないよう十分留意すること。

二　雇用労働政策の決定や法律の制定改廃は、労働政策審議会の議を経るというこれまでの原則を変更しないこと。

三　今回の法改正による労働契約法の特例の対象となる者の雇用の安定を図るために必要な研究開発等の推進のための基盤の整備に係る方策について検討を加え、その結果に基づいて必要な措置を講ずること。

四　民間企業で有期雇用される研究者等が大学等と共同研究開発を行う場合の労働契約法の特例については、速やかに研究者等の雇用の安定が図られるよう必要な検討を行い、必要な措置を講じること。また、特例の対象者が著しく拡大することがないようにすること。

五　科学研究費助成事業をはじめとする研究費の基金化を進めるよう努めること。

六　研究者等の雇用について、短期契約の更新を繰り返すことを改め、研究者等の雇用の安定が図られるよう、研究者等の人材育成や雇用形態の基本的な在り方についても検討を行うこと。

七　研究開発等を行う法人に関する新たな制度の創設に関しては、研究成果の最大化を目的としつつ簡明で国民の合意が得られるものとなるように十分留意すること。また、現に存する研究開発法人の業務・目的等を精査し、当該新制度に移行するべき研究開発法人の選定の基準・考え方を早急に検討し発表すること。

〈資料3〉　研究開発システムの改革の推進等による研究開発能力の強化及び研究開発等の効率的推進等に関する法律に対する附帯決議（平成二〇年六月四日、衆議院文部科学委員会）

政府は、本法施行に当たり、次の事項について特段の配慮をすべきである。

一　国際的な頭脳獲得競争の中で、我が国の研究開発力の強化を図るためには、その基礎となる優れた研究人材の養成・確保が不可欠であり、研究人材に係る適切な人件費の確保、若手・女性・外国人研究者のための研究環境整備に努めること。

また、技術士等の人材の有する技能及び知識の有効な活用及び継承が非常に有効であることを踏まえ、その積極的な活用・推進に努めること。

二　研究開発法人における外部資金の積極的な受入れを促進する観点から、毎年度の運営費交付金の算定に際して、研究開発法人における自己収入増大に向けた経営努力を積極的に評価し、更に促すよう適切な対応を図ること。

三　我が国の研究開発力の強化に当たっては、独創的・基礎的な研究活動及び教育活動を実施する大学の基盤の強化を図るため、国立大学法人の運営費交付金や私学助成を確実に措置すること。

四　我が国の研究開発等を効率的に推進する観点から、国の資金による研究開発に係る収入や購入研究機器等については、その積極的な活用が図られるよう制度面・運用面での改善を図ること。

その際、我が国の研究開発における民間企業の果たす役割の重要性にかんがみ、これらの機器が広く民間企業にも共用されるよう十分配慮すること。

五　国際競争力の確保の観点から、特許その他の知的財産に係る審査等の手続きについて、迅速かつ的確に行うための審査体制の更なる充実・強化その他必要な施策を講じること。

六　研究開発システムの在り方に関する総合科学技術会議の検討においては、研究開発の特殊性、優れた人材の確保、国際競争力の確保などの観点から最も適切な研究開発法人の在り方についても検討すること。

右決議する。

〈資料４〉我が国の研究開発力強化に関する件（平成二〇年五月二九日、参議院内閣委員会）

政府は、研究開発システムの改革の推進等による研究開発能力の強化及び研究開発等の効率的推進等に関する法律の施行に当たり、次の事項について十分配慮すべきである。

一　我が国の研究開発力の強化に当たっては、独創的・基礎的な研究活動及び教育活動を実施する大学の基盤の強化を図るため、国立大学法人の運営費交付金や私学助成を確実に措置すること。

二　国際的な頭脳獲得競争の中で、我が国の研究開発力の強化を図るためには、その基礎となる優れた研究人材の養成・確保を図ることが不可欠であり、研究人材に係る適切な人件費の確保、若手・女性・外国人研究者のための研究環境整備に努めること。

三　我が国の研究開発等を効率的に推進する観点から、国の資金による研究開発に係る収入や購入研究機器等については、その積極的な活用が図られるよう制度面・運用面での改善を図ることが重要である。

その際、我が国の研究開発における民間企業の果たす役割の重要性にかんがみ、これらの機器が広く民間企業にも共用されるよう十分配慮すること。

四　研究開発法人における外部資金の積極的な受入れを促進する観点から、研究開発法人における自己収入増大に向けた経営努力については、毎年度の運営費交付金の算定に際して、その経営努力を積極的に評価し、更に促すよう適切な対応を図ること。

五　我が国の研究開発力の強化を図るためには、技術士等の人材の有する技能及び知識の有効な活用及び継承が非常に有効であることを踏まえ、その積極的な活用・推進に努めること。

六　研究開発システムの在り方に関する総合科学技術会議の検討においては、研究開発の特殊性、優れた人材の確保、国際競争力の確保などの観点から最も適切な研究開発法人の在り方についても検討すること。

七　国際競争力の確保の観点から、特許その他の知的財産に係る審査等の手続きについて、迅速かつ的確に行うための審査体制の更なる充実・強化その他必要な施策を講じること。

右決議する

〈資料5〉 研究開発システムの改革の推進等による研究開発能力の強化及び研究開発等の効率的推進等に関する法律及び大学の教員等の任期に関する法律の一部を改正する法律の公布について（通知）

25文科科第399号
平成二五年一二月一三日

各国公私立大学長　殿
大学を設置する各地方公共団体の長　殿
各公立大学法人の理事長　殿
大学を設置する各学校法人の理事長　殿
大学を設置する各学校設置会社の代表取締役　殿
放送大学学園理事長　殿
各大学共同利用機関法人機構長　殿
独立行政法人大学評価・学位授与機構長　殿
独立行政法人国立大学財務・経営センター理事長　殿
独立行政法人大学入試センター理事長　殿
文部科学省所管各研究開発法人の長　殿

文部科学省科学技術・学術政策局長
土屋　定之
文部科学省生涯学習政策局長
清木　孝悦
文部科学省高等教育局長
布村　幸彦
文部科学省研究振興局長
吉田　大輔
文部科学省研究開発局長
田中　敏

このたび、第一八五回国会（臨時会）において成立した「研究開発システムの改革の推進等による研究開発能力の強化及び研究開発等の効率的推進等に関する法律及び大学の教員等の任期に関する法律の一部を改正する法律」（平成二十五年法律第九十九号。以下「改正法」という。）が、平成二十五年十二月十三日に公布され、労働契約法の特例、労働契約法の特例に関する経過措置及び研究開発法人の出資等の業務に係る規定については平成二十六年四月一日から、その他の規定については公布の日から、それぞれ施行されることとなりました。

今回の改正は、研究開発システムの改革を引き続き推進することにより研究開発能力の強化及び研究開発等の効率的推進を図るため、研究開発法人、大学等の研究者等について労働契約法の特例を定めるとともに、我が国及び国民の安全に係る研究開発等に対して必要な資源の配分を行うことの明確化、研究開発法人に対する出資等の業務の追加、研究開発等を行う法人に関する新たな制度の創設に関する規定の整備等を行うものです。

改正の概要及び留意事項等は下記のとおりですので、十分御理解の上、適切な運用に遺漏のないようお取り計らい願います。

なお、改正法に関しては、衆議院文部科学委員会において附帯決議が付されております。

記

第一　改正法の趣旨

改正法は、研究開発システムの改革を引き続き推進することにより研究開発能力の強化及び研究開発等の効率的推進を図るため、研究開発法人、大学等の研究者等について労働契約法の特例を定めるとともに、我が国及び国民の安全に係る研究開発等に対して必要な資源の配分を行うことの明確化、研究開発法人に対する出資等の業務の追加、研究開発等を行う法人に関する新たな制度の創設に関する規定の整備等を行うものであること。

第二　改正の概要

一　研究開発システムの改革の推進等による研究開発能力の強化及び研究開発等の効率的推進等に関する法律（平成二十年法律第六十三号）の一部改正関係

1　人材の確保等の支援

国は、研究開発等に係る企画立案、資金の確保並びに知的財産権の取得及び活用その他の研究開発等に係る運営及び管理に係る業務（2において「運営管理に係る業務」という。）に関し、専門的な知識及び能力を有する人材の確保その他の取組を支援するために必要な施策を講ずるとともに、イノベーションの創出に必要な能力を有する人材の育成を支援するために必要な施策を講ずるものとしたこと。（第十条の二及び第十条の三関係）

2　労働契約法の特例

（1）以下の［1］から［4］までに掲げる者がそれぞれの期間の定めのある労働契約（以下「有期労働契約」という。）を期間の定めのない労働契約（以下「無期労働契約」という。）に転換させるための申込みを行うために二以上の有期労働契約の契約期間を通算した期間（以下「通算契約期間」という。）が五年を超えることが必要とされていることについて労働契約法の特例を定め、十年を超えることが必要であるとしたこと。（第十五条の二第一項関係）

［1］科学技術に関する研究者又は技術者であって研究開発法人又は大学等を設置する者との間で有期労働契約を締結したもの

［2］研究開発等に係る運営管理に係る業務（専門的な知識及び能力を必要とするものに限る。［4］において同じ。）に従事する者であって研究開発法人又は大学等を設置する者との間で有期労働契約を締結したもの

［3］試験研究機関等、研究開発法人及び大学等以外の者が試験研究機関等、研究開発法人又は大学等との契約によりこれらと共同して行う研究開発等（［4］において「共同研究開発等」という。）の業務に専ら従

事する科学技術に関する研究者又は技術者であって当該試験研究機関等、研究開発法人及び大学等以外の者との間で有期労働契約を締結したもの

［4］共同研究開発等に係る運営管理に係る業務に専ら従事する者であって当該共同研究開発等を行う試験研究機関等、研究開発法人及び大学等以外の者との間で有期労働契約を締結したもの

（2）（1）における科学技術には、人文科学のみに係る科学技術を含むこととしたこと。（第二条第1項、第7項関係）

（3）（1）の［1］及び［2］の対象となる者（大学の学生である者を除く。）のうち大学に在学している間に研究開発法人又は大学等を設置する者との間で有期労働契約（当該有期労働契約の期間のうちに大学に在学している期間を含むものに限る。）を締結していた者については、当該大学に在学している期間は、通算契約期間に算入しないこととしたこと。（第十五条の二第2項関係）

3　我が国及び国民の安全に係る研究開発等に対する必要な資源の配分等

国は、我が国及び国民の安全に係る研究開発等並びに成果を収めることが困難であっても成果の実用化により極めて重要なイノベーションの創出をもたらす可能性のある革新的な研究開発に必要な資源の配分を行うものとし、我が国及び国民の安全の基盤をなす科学技術については、当該科学技術の振興に必要な資源の安定的な配分を行うよう配慮しなければならないこととしたこと。（第二十八条関係）

4　迅速かつ効果的な物品及び役務の調達

国は、研究開発法人及び大学等が研究開発等の特性を踏まえて迅速かつ効果的に物品及び役務の調達を行うことができるよう必要な措置を講ずるものとしたこと。（第三十二条の二関係）

5 研究開発等の適切な評価等

国は、国の資金により行われる研究開発等について、国際的な水準を踏まえるとともに、新規性の程度、革新性の程度等を踏まえて適切な評価を行い、その結果を研究開発等の推進の在り方に反映させるものとし、研究開発等の評価に関する高度な能力を有する人材の確保その他の取組を支援するために必要な施策を講ずるものとしたこと。（第三十四条第1項、第2項関係）

6 研究開発法人による出資等の業務

研究開発法人のうち、実用化及びこれによるイノベーションの創出を図ることが特に必要な研究開発の成果を保有するもの（独立行政法人科学技術振興機構、独立行政法人産業技術総合研究所、独立行政法人新エネルギー・産業技術総合開発機構）は、個別法の定めるところにより、当該研究開発法人の研究開発の成果を事業活動において活用しようとする者に対する出資並びに人的及び技術的援助の業務を行うことができることとしたこと。（第四十三条の二及び別表第二関係）

7 研究開発等を行う法人に関する新たな制度の創設

（1）政府は、独立行政法人の制度及び組織の見直しの状況を踏まえつつ、研究開発等を行う法人が世界最高水準の研究開発等を行って最大の成果を創出するための運営を行うことを可能とする新たな制度を創設するため、必要な法制上の措置を速やかに講ずるものとしたこと。（第四十九条第1項関係）

（2）同制度においては、研究者、技術者等の給与水準の見直し、業務運営の効率化に関する目標の在り方の見直し、物品及び役務の調達に関する契約等に係る仕組みの改善、自己収入に係る仕組みの見直し、経費の繰越しに係る仕組みの柔軟化等が実現される仕組みとすることとしたこと。（第四十九条第2項関係）

二　大学の教員等の任期に関する法律（平成九年法律第八十二号）の一部改正関係

（1）大学の教員等がその有期労働契約を無期労働契約に転換させるための申込みを行うために通算契約期間が五年を超えることが必要とされていることについて労働契約法の特例を定め、十年を超えることが必要であるとしたこと。（第七条第1項関係）

（2）大学の教員等のうち、大学に在学している間に国立大学法人、公立大学法人若しくは学校法人又は大学共同利用機関法人等との間で有期労働契約（当該有期労働契約の期間のうちに大学に在学している期間を含むものに限る。）を締結していた者については、当該大学に在学している期間は、通算契約期間に算入しないこととしたこと。（第七条第2項関係）

三　改正法附則関係

1　施行期日

改正法は、公布の日から施行することとしたこと。ただし、一の2及び6、二並びに三の3及び4については、平成二十六年四月一日（以下「改正法一部施行日」という。）から施行することとしたこと。（附則第一条関係）

2　検討

（1）国は、改正法による改正後の研究開発システムの改革の推進等による研究開発能力の強化及び研究開発等の効率的推進等に関する法律（以下「改正強化法」という。）及び改正後の大学の教員等の任期に関する法律（以下「改正任期法」という。）の施行状況等を勘案して、一の2の（1）の［1］から［4］までに掲げる者及び二（1）の教員等の雇用の在り方について検討を加え、その結果に基づいて必要な措置を講ずるものとしたこと。また、一の2の（1）の［3］及び［4］に掲げる者についての特例は、事業者において雇用される者のうち、研究開発能力の強化等の観点から特に限定して設けられたものであり、国は、その雇用の在り方について、期間の定めのない雇用形態を希望する者等がいることも踏まえ、研究者等の雇用の安定が図られることが研究環境の早期の改善に資するという観点から、研究者等が相互に競争しながら能力の向上を図ることの重要性にも十分配慮しつつ、検討を加え、その結果に基づいて必要な措置を講ずるものとしたこと。（附則第二条第1項、第2項関係）

（2）国は、研究開発法人の業務の実施状況等を勘案し、研究開発法人が一の6による出資並びに人的及び技術的援助の業務を行うことの適否について検討を加え、必要があると認めるときは、その結果に基づいて必要な措置を講ずるものとしたこと。また、政府は、関係機関等が連携協力することが研究開発の成果の実用化及びこれによるイノベーションの創出に重要であることに鑑み、関係省庁相互間その他関係機関及び民間団体等の間の連携協力体制の整備について速やかに検討を加え、その結果に基づいて必要な措置を講ずるものとしたこと。（附則第三条第1項、第2項関係）

3　経過措置

（1）一の2の（1）の［1］から［4］に掲げる者及び二の（1）の教員等のうち、改正法による労働契約法の特例の施行日である平成二十六年四月一日より前に、通算契約期間が五年を超えることになったものについては、従前の例により、無期転換の申込みが可能であることとしたこと。（附則第四条第1項及び第五条第

1項関係）

（2）一の2の（3）及び二の（2）の規定は、有期労働契約（当該有期労働契約の期間のうちに大学に在学している期間を含むものに限る。）であって、労働契約法の一部を改正する法律（平成二十四年法律第五十六号。以下「平成二四年改正労働契約法」という。）附則第1項ただし書に規定する規定の施行の日（平成二五年四月一日）から改正法一部施行日の前日（平成二六年三月三一日）までの間の日を契約期間の初日とするものに係る当該大学に在学している期間についても適用することとしたこと。（附則第四条第2項及び第五条第2項）

4　独立行政法人科学技術振興機構法の一部改正等

独立行政法人科学技術振興機構法の一部を改正し、独立行政法人科学技術振興機構の業務に改正強化法第四十三条の二の規定による出資並びに人的及び技術的援助を行うことを追加するとともに、独立行政法人産業技術総合研究所法の一部及び独立行政法人新エネルギー・産業技術総合開発機構法の一部を改正し、独立行政法人産業技術総合研究所及び独立行政法人新エネルギー・産業技術総合開発機構の業務に改正強化法第四十三条の二の規定による出資（金銭の出資を除く。）並びに人的及び技術的支援を行うことを追加することとしたこと。（附則第六条、第七条及び第八条関係）

第三　留意事項

1　改正強化法第十五条の二による労働契約法の特例の対象者は、研究者、技術者等とされており、同条による労働契約法の特例の対象者と有期労働契約を締結する場合には、相手方が同条に基づく特例の対象者となる旨等を書面により明示し、その内容を説明すること等により、相手方がその旨を予め適切に了知できるようにするなど、適切に運用する必要があること。また、改正強化法第十五条の二第1項第3号及び第4号に掲げる者についての特例は、事業者において雇用される者のうち、研究開発能力の強化等の観点から特に限定して設けられたものであり、共同研究等に「専ら従事する者」に限定されているものであること。

2　改正任期法第七条の適用対象である「教員等」とは、教育研究の分野を問わず、また、常勤・非常勤の別にかかわらず、国立大学法人、公立大学法人及び学校法人の設置する大学（短期大学を含む。）の教員（教授、准教授、助教、講師及び助手）、大学共同利用機関法人、独立行政法人大学評価・学位授与機構、独立行政法人国立大学財務・経営センター及び独立行政法人大学入試センターの職員のうち専ら研究又は教育に従事する者であること。

なお、労働契約法第二十二条の規定により地方公務員は同法の適用除外となっていることから、地方公務員の身分を有する公立大学法人化されていない公立大学の教員等は、そもそも労働契約法の適用対象となっておらず、本条の適用対象とはならないこと。

3　各大学等において、改正任期法第七条に定める労働契約法第十八条第1項の規定の特例を適用するに当たっては、「大学の教員等の任期に関する法律」（平成九年法律第八十二号）（以下「任期法」という。）第五条第1項の規定に基づき、同法第四条第1項各号のいずれかに該当することが必要であるとともに、同法第五条第2項の規定に基づき、あらかじめ当該大学に係る教員の任期に関する規則を定めるなど、適切に運用する必要があること。

4　国立大学法人、公立大学法人若しくは学校法人又は大学共同利用機関法人等は、今回の改正法に係る就業規則及び任期に関する規則等の制定又は改正等を行うに当たっては、労働関係法令及び任期法の規定に従って、適切に実施すること。

5　労働契約法第十八条は、有期労働契約の濫用的な利用を抑制し労働者の雇用の安定を図る趣旨で設けられた規定であり、改正強化法第十五条の二及び改正任期法第七条は当該規定について研究開発能力の強化及び教育研究の活性化等の観点から通算契約期間の特例を定めたものであること。また、当該特例は、通算契約期間が十年に満たない場合に無期転換ができないこととするものではないこと。

なお、労働契約法第十九条において、最高裁判所の判例で確立している「雇止め法理」（一定の場合に雇止めを無効とする判例上のルール）について規定されていることも考慮されたいこと。

6　改正強化法第十五条の二第2項及び改正任期法第七条第2項において、学生として大学に在学している間に、TA（ティーチング・アシスタント）、RA（リサーチ・アシスタント）等として大学等を設置する者等との間で有期労働契約を締結していた場合には、当該大学に在学している期間は通算契約期間に算入しないこと。

7　改正法附則第四条第2項及び第五条第2項の経過措置については、平成二四年改正労働契約法附則第1項ただし書に規定する規定の施行の日（平成二五年四月一日）から改正法一部施行日の前日（平成二六年三月三一日）までの間に、研究開発法人又は大学等を設置する者との間で有期労働契約を締結した場合における当該大学に在学している期間も、通算契約期間に算入されないことを確認的に規定したものであること。

8　平成二四年改正労働契約法附則第1項ただし書に規定する規定の施行の日（平成二五年四月一日）から改正法一部施行日の前日（平成二六年三月三一日）までの間に開始された有期労働契約については、平成二五年四月一日から平成二六年三月三一日までの間に労働契約法第十八条第1項に基づき有期労働契約を締結している者が無期労働契約への転換を申し込むことができる権利（以下「無期転換申込権」という。）が生じていない場合については、今回の特例の対象となり、当該有期労働契約の期間が通算契約期間に算入されること。また、平成二五年四月一日から平成二六年三月三一日までに、すでに無期転換申込権が生じている場合については、今回の特例は適用されず、従前の例（五年の通算契約期間）により、無期労働契約への転換申込みが可能である旨の経過措置を確認的に置いたものであること。

なお、平成二四年改正労働契約法附則第2項において、第1項ただし書に規定する規定の施行の日（平成二五年四月一日）前の日が初日である有期労働契約の契約期間は、通算契約期間に算入しないこととされていること。

〈資料6〉 わが国の研究開発力強化に関する提言（中間報告）（平成二五年五月一四日、自由民主党政務調査会 科学技術・イノベーション戦略調査会）

新産業や、新たな雇用の創出につながるイノベーションの実現は、わが国の経済再生の鍵である。しかしながら、その基盤である科学技術において、新興国の台頭や、欧米諸国の政策強化による激しい国際競争に晒され、わが国は急速に世界における存在感を失いつつある（注1）。これに伴い、わが国は国際的頭脳循環（ブレインサーキュレーション）から取り残され、優れた研究者の獲得が困難となるなど、極めてゆゆしき事態に陥っている。もはや個々の研究者や研究機関の奮起では克服不可能な状況にあると言わざるを得ない。

わが国においても、平成二〇年に、米国、中国等における研究開発システム改革の動きに危機感を強めた自公民の超党派の議員により、「研究開発システムの改革の推進等による研究開発能力の強化及び研究開発等の効率的推進等に関する法律」（以下「研究開発力強化法」という）が制定されたが、法施行から五年が経過しようとしている今なお、研究開発投資やシステム整備が十分になされているとは言い難い状況にある（注2）。

経済再生を最大の課題に据える第二次安倍政権が発足した今こそ、国内外の優秀な頭脳や活力をわが国に取り込み、イノベーション創出能力を強化するための、研究開発システムの戦略的改革を断行すべきである。

当委員会では、総理の提唱する「世界で最もイノベーションに適した国」を実現するため、わが国の現状をレビューするとともに、研究開発力を強化し、国際競争を勝ち抜く方策について検討を重ねてきた。また、研究開発力強化法附則第6条及び両院附帯決議において、最も適切な研究開発法人のあり方について、施行後三年以内（平成二三年一〇月まで）に検討・措置すべき旨が規定されているが、二度の政権交代をはさみ、未だに措置がなされていない。この点も含め、下記のとおり中間報告をまとめ、提言することとした。

記

目次

1　研究人材関係

提言１　革新的研究を担う優秀な研究者を育成する

ポスドク問題等の影響で優秀層が博士離れを起こし、次代を担う研究者の育成に支障を来している状況。革新的研究を担う優秀な研究者を育成するため以下の方策を実行すべき。

（1） 大学院生への経済的支援

・わが国は、大学院生への経済的支援が不十分。例えば、米国においては、優秀な大学院生の獲得競争が生じ、大学院生には、準「職業」として生活費が支給されるなど、研究に打ち込める環境が整備されている。わが国においても、大学院生の雇用システムを整備することが必要。（米国の大学院生の例：入学したら生活費（二五〇〇ドル／月）、授業料負担、保険料負担等年間一人約三五〇万円相当の条件を大学側が提示）

・博士課程学生の授業料、入学金等の全額免除により、次代を担う優秀な研究者の育成に資するとともに、国際競争力の高い人材を獲得できるようにすべき。

（2） 魅力あるポストの創設、理数教育の充実

・優秀層の博士離れ問題等に対応するため、若者を惹き付ける魅力ある研究者ポスト創設のための方策の検討が必要。

・将来のイノベーション創出を担う人材の裾野拡大の観点から、実験・観察に必要な設備の充実や、外部人材の活用、先進的な理数系教育を実施する「スーパーサイエンスハイスクール」の取り組みの強化などの理数教育の充実とともに、長期インターンシップの拡大によるキャリア教育の充実を図るべき。

（3） 改正労働契約法への対応

・労働契約法が改正され、有期労働契約が五年を超えて反復更新された場合は、無期労働契約に転換することが

規定された。一方、研究者等については、複数の研究機関における武者修行を通じて能力向上を図るといったキャリアパスとなっており、国際標準においても、五年より長い間をおいてから評価がなされるのが通例である。また、研究支援者について、雇い止めの増加など望ましくない事態が起きる可能性がある。このため、研究者や研究支援者（プロジェクトに関わる知財担当の専門スタッフを含む）についての適切なキャリアパスを保証するための仕組みを検討すべき。

（4）リサーチアドミニストレーター制度の確立

・研究開発マネジメントの強化による研究推進体制の充実強化を図るため、リサーチアドミニストレーター制度を確立し、安定的な職種として定着を図るべき。

（5）「目利き」人材の育成

・戦略的な研究開発プロジェクトの推進のためには、優れた人材や技術シーズ等を見いだす「目利き」の存在が欠かせない。高度な専門性を有する「目利き」人材の育成が必要。

提言2　わが国を頭脳循環に組み込み世界から優れた研究者を集める

優秀な研究者が国外流出しているのがわが国の現状。わが国を国際的な頭脳循環に組み込み、世界から優れた研究者を集めるため、以下の方策を実行すべき。

（1）年俸制導入等による公務員並びの年功序列的な給与体系の改革

・研究者の能力に応じた処遇を実現するため、サイエンスメリットによる評価を徹底し、年功序列的な給与体系を改め、年俸制の導入を推進すべき。米国の主要大学の平均給与額はわが国の大学と比較し圧倒的に高い状況(ハーバード 一九・四万ドル、MIT 一六・七万ドル、UCバークレー 一四・九万ドル、東大 八・八百万円 ※九カ月分の教授給与)

・研究開発法人について、国際的人材獲得競争へ対応するため、国家公務員と同等の給与水準を求めることは止めるとともに、研究者等の給与基準を定める際は、「国際競争力の高い人材の確保」を可能とすべき。(「提言5(5)」参照)

(2) 競争的資金を含む外部資金による研究者等の処遇向上

・競争的資金を含む外部資金を、優れた研究者の処遇向上のための財源とすることを認めるべき。

2 研究基盤関係

提言3 世界最高水準の研究環境を整備する

(1) 大学への投資の充実

・研究開発投資額と研究開発成果はマクロには対応する。主要国が大学への投資を増大させる中で、わが国の投資は横ばい。大学の研究開発力強化を期待するのであれば、私学助成も含め大学への思い切った投資が不可欠。

・一方、国立大学への運営費交付金については、国際化や産学連携の実績など研究開発力強化に資する配分基準に基づき、傾斜配分する部分の比率を高める必要がある。また、研究評価に基づく組織のスクラップ・アンド・ビルドを徹底するとともに、学長のリーダーシップが発揮できる大学ガバナンス改革を強化すべき。

（2） 運営費交付金一律削減の見直し

・研究開発法人について、独法制度下では、運営費交付金は一律削減することとされているが、研究は、定型的、現業的業務ではなく、創造的業務である。試行錯誤による基礎研究等の成果から、イノベーションが生まれることを認識すべきである。そのため、効率化のみの観点から推進するのは適切ではないこと、また、運営費交付金等の減少のため、研究活動、保有する施設及び設備の維持管理、運用等で支障が生じていることのため、見直しが必要。

（3） 間接経費の充実

・間接経費は、競争的資金を獲得した研究者が研究活動を推進するために不可欠の経費であり、研究支援者等の人件費や備品購入費、特許関連経費、研究棟の運営経費など、研究環境の維持・強化のための基盤財源であり、また、間接経費は、競争的資金を獲得した研究機関に配分されるため、研究機関の自助努力や構造改革を促すものである。米国の主要大学では、間接経費は五割を超えて措置されているのが通例（ジョンズ・ホプキンス六四％、ハーバード 六四％、ＭＩＴ 六三・五％、スタンフォード 五六・四％、ＵＣバークレー 五〇・四％（二〇〇〇年度））。間接経費については、民主党政権下の「事業仕分け」により多くの事業において廃止されたが、これは研究機関にとって不可欠な財源を喪失させるもの。このため、間接経費は抜本的に強化することとし、競争的に配分されるすべての研究資金にトップレベルの研究機関と並ぶ五〇％程度を措置すべき。

（4） 寄附税制の拡充

・全額損金算入の適用や、税額控除の導入・要件の見直しなど、研究開発法人・国立大学法人・学校法人について自己財源確保のための寄附税制を拡充すべき。

提言4 革新的成果を生む研究活動を促進する

（1） ハイリスク研究の推進

・わが国の防衛予算に対する研究開発費の割合（二・三％（平成二四年度））、政府負担研究費に占める防衛研究開発費の割合（二・九％（平成二四年度））、防衛研究開発費（一、〇七六億円（平成二四年度））は主要国と比べて圧倒的に少ない。このため防衛技術から民生技術への波及効果（スピンオフ）が限定的となっている。

・一方、デュアルユーステクノロジー（防衛・民生の両面で活用できる技術）の研究開発を推進する米国のファンディング機関、国防高等研究計画局（ＤＡＲＰＡ）は、経済的なフィージビリティは求めず、長期的視点にたった研究開発を実施することにより、情報革命をもたらしたインターネット、カーナビや携帯電話などに掲載され活用されているＧＰＳなどの先端的技術の開発に成功している。

・これを参考として、わが国においても「革新的であり、その成果が社会的、経済的に大きな価値を生むが、目標達成が困難な研究（ハイリスク研究）」を促進することが重要である。また、わが国が持つ優れた技術力をベースとした様々な研究開発の成果により、総合的な安全保障に係る危機管理機能の強化を図るといった視点が欠落していたという指摘が、すでに平成一七年になされていることも踏まえ、デュアルユーステクノロジーを含め、総合的な安全保障のための科学技術の推進について検討すべきである。
・なお、議論の過程で、一部の大学がデュアルユース研究を制限していることや、それに関連して研究者が大学から流出している例も指摘された。教育基本法改正により、産学連携などの社会貢献が法的にも位置づけられたことや、デュアルユースの上記のような有用性や専守防衛の視点からの研究の重要性を踏まえ、軍事につながる可能性があることをもって一律に研究を禁止するような慣行は見直されるべきである。

（2）　国際水準を踏まえた評価指針
・研究開発については、国際水準を踏まえた評価指針の下で、専門的評価の実施を可能とすることを担保する必要がある。その際、評価作業によって、過度の事務負担が研究者等に発生し、研究開発業務を阻害する、いわゆる「評価疲れ」が発生しないよう配慮すべきである。（「提言5（5）」参照）

（3）　研究評価についての専門人材の育成
・研究評価は極めて専門的業務であるため、研究評価についての高度な専門性を有する人材を育成する必要がある。このため、研究評価者についての処遇やキャリアパスの検討が必要である。

（4）　知財、標準化戦略の強化
・わが国の技術貿易収支は大幅な黒字であるが、知財、標準化戦略を強化し、これをさらに拡大することが望まれる。特に海外での出願や知財保護への支援強化が必要である。

3　制度関係

民主党政権下において、研究開発法人に関する制度設計や組織見直しについて閣議決定が行われたが、必ずしも研究開発の特性を踏まえたものになっていない。このため、イノベーション創出の観点から、ゼロベースで見直すことが必要。

提言5　世界最高水準の法人運営を可能とする制度を創設する

（1）調達方法の改善

・研究開発は常に最先端の競争。一般競争入札が原則とされることにより、①機微な仕様を公開することによる技術流出、②調達先と培ってきた協力関係の破綻、③調達コストや事務コストの増加、④研究の遅延による国際競争からの脱落　などの弊害が指摘されている。

・一般競争入札にこだわらず、研究の実態にあわせた調達ができるようにすべき。また、研究開発法人については、随意契約基準が国立大学に比して大幅に制限されている現状に鑑み、随意契約基準額を国並びとする制約を見直すべき。（なお、随意契約基準額は昭和四九年が最終改正）

（2）イノベーションを促進する自己収入の扱いの見直し

・独法制度下では、自己収入を獲得すると、その分だけ運営費交付金が削減される仕組みとなっており、自己収入獲得の意欲が上がらない構造となっている。

・このため、研究開発法人については、イノベーション創出促進に資する自己収入（受託研究収入、知的財産収入、寄附金収入、共用研究施設収入等）については、運営費交付金からルールを設けて減額しない仕組みとすべき。

（3）中期目標期間を超える予算繰り越しの柔軟化

・研究開発は、常に世界との競争下にあり、また、長期性、不確実性、予見不可能性等の特性を有するものであるが、中期目標期間を越える予算繰越については、限定的な運用がなされており、円滑な研究開発の実施が損なわれている。このため、中期目標期間を超える予算繰り越しを柔軟に認めるべき。

（4）目標期間の柔軟化

・研究開発の長期性を踏まえ、独法制度下では上限五年とされている目標期間を長期化することを法的に担保すべき。（「提言5（5）」参照）

（5）新たな研究開発法人制度の創設

・研究開発法人は、国家戦略としてイノベーション創出に取り組む機関であり、とりわけ、その機能強化が必要である。一方で、研究開発法人は、独法制度の適用を受けるが、同制度は効率的運用の達成を主眼とし、制度運用においても、国家公務員と同等の給与水準など、多くの点で国並びを求められるため、研究開発のような成果の最大化が必要とされる業務には馴染まない。

・研究開発法人については、研究開発力強化法附則第6条及び両院附帯決議において、最も適切な研究開発法人のあり方について、施行後三年以内（平成二三年一〇月まで）に検討・措置すべき旨が規定されており、同法の要請を踏まえた、抜本的かつ早急な対応が求められる。このため、研究開発法人については、以下の抜本的な制度改革を行うべき。

○研究開発法人については、効率的運用の達成や国民への説明責任を大前提として、研究開発成果の最大化（ミッションの達成）を目的とする新たな制度を創設すべき。

○研究開発法人は、国家戦略に基づき、大学や企業では取り組みがたい課題に取り組む研究機関であることを制度的にも位置づけるべき。

○研究開発の特性を踏まえた制度運用（国家公務員並びの給与水準や運営費交付金一律削減の見直し、調達方法の改善、自己収入の扱いの見直し、予算繰り越しの柔軟化等）が確実に実施されることを法的に担保すべき。

（新たな研究開発法人制度において法的措置が必要な事項）

①研究開発成果の最大化を第一目的として規定

②法の運用にあたり「研究開発の特性」へ配慮する旨を規定

③国の科学技術戦略に沿った業務運営を確保するため、国家的に重要な研究開発等の実施の確保のための研究開発法人に対する主務大臣の要求を可能とする旨を規定
④研究開発法人が研究者等の給与基準を定める際は、「国際競争力の高い人材の確保」を可能とする旨を規定
⑤主務大臣の下に、研究開発に関する審議会を設置。審議会委員への外国人任命を可能とする。
⑥総合科学技術会議が定める国際水準を踏まえた評価指針の下で、専門的評価の実施を可能とするとともに、主務大臣が、評価等を行う際、総務省などに設置する民間出身の有識者を中心とする公正・中立な第三者機関にも意見を聴くこととする。
⑦中期目標期間の上限を七年とする。

新たな研究開発法人制度の法形式については、以下の三つの案が考えられる。

A案　独法通則法とは全く別の法律
　↓　研究開発の特性を踏まえた制度設計が可能

B案　独法通則法の横串的規律を準用する別の法律（〝広義の独法〟）
　↓　通則法の規定を準用しつつも、研究開発の特性を踏まえた制度設計が可能

C案　独法通則法下において、「中期目標行政法人」「行政執行法人」と並ぶ第三のカテゴリーとして「国立

研究開発法人（仮称）」を規定
↓ 独法通則法下にあるための制約はあるが、「中期目標行政法人」とは異なる類型とするため、一定の特性を踏まえた制度設計が可能

わが国の研究開発力を抜本的に強化するため、研究開発法人については、研究開発成果の最大化を第一の目的とし、当該目的の下、研究開発の特性を十分に踏まえた、世界最高水準の制度を創設することが必要である。このため、法形式としては、独法通則法の横串的規律を一部適用するA案が望ましい。この際、研究開発法人の所管は各省にまたがるため、当該新法の所管省をどうするのかという問題がある。これについては、内閣府（科学技術担当）を新法の所管省（個別法の所管は各省）とするとともに、効率的運用の達成の観点から、総務省などに設置する民間出身の有識者を中心とする公正・中立な第三者機関がチェックを行う仕組みを法的に構築することで解決できると考える。

なお、研究開発法人についても、法人ごとに特性があるため、新たな研究開発法人制度の対象範囲については、各法人の業務の特性を踏まえた十分な検討が必要である。

（注1） わが国の研究開発力の国際ランキングは下がる傾向
・日本は論文数、トップ一〇％論文数、トップ一％論文数のいずれにおいても、世界シェア及び世界ランクが低下。研究の質、量ともに停滞ぎみであり、生産性も高いとはいえない（一九九九〜二〇〇一年（平均）から二〇〇九〜二〇一一年（平均）の比較、論文数は二位↓五位、トップ一〇％論文数は四位↓七位、トップ一％論文数は五位↓八位）。
・国際競争力（ＩＭＤ世界競争力ランキング）は、一九九〇年代初頭は一位であったが、二〇一二年は五九カ国中二七位と低迷。

・日本の国際共著率は主要国と比べて低く、米国の国際共著相手としての順位も低下（米国の国際共著相手の順位は、四位（一九九九～二〇〇一年）↓七位（二〇〇九～二〇一一年））。
・中長期海外派遣研究者数は大きく減少している（平成一一年約七・六千人↓平成二二年約四・三千人）。

（注2）　わが国の投資及びシステム整備に係る問題点
・研究開発投資額と研究開発成果はマクロには対応するが、日本は欧米中韓等に比べて伸びが低い（二〇〇〇年度を一〇〇とした場合の指数は、欧（EU一五）一六二、米 一四五、中 七一二、韓 二五四、日本 一〇九）。
・また、民間の研究開発投資額に比して政府投資額比率が小さい（政府投資額割合は、米 三一・三%、英 三二・一%、仏 三九・七%、日本 一八・六%）。
・若手研究者の雇用が不安定（大学教員における若手（二五～三九歳）比率の減少（平成一三年三〇%↓平成二二年二六%）、ポスドク問題の深刻化）。
・大学院博士課程への入学者数は二〇〇三年をピークに減少（二〇〇三年一八、二三二人↓二〇一二年一五、五五七人）。
・外国籍研究者比率、女性研究者比率が諸外国に比べ極めて低い（女性研究者比率は、英 三八・三%、米 三四・三%、仏 二五・六%、独二四・九%、日本 一三・八%）。
・研究支援職が未確立。研究者一人あたりの研究支援者数が主要国と比べて低水準（中 一・一一人、独 〇・六八人、仏 〇・六七人、英 〇・三六人、韓 〇・二七人、日本 〇・二五人）。
・研究開発法人は、事務・事業を効率的かつ効果的に行わせることを目的とする独立行政法人通則法の適用を受けるが、厳しい国際競争の中、不確実性の高いハイリスク研究等に中長期的視野で取り組む業務には馴染まない規律が数多く存在（中期目標期間の設定、評価の視点、給与基準、調達等）し、イノベーション創出が妨げられている。

改正 研究開発力強化法

2015年8月8日　初版発行

編　者　塩谷　立、渡海紀三朗、小坂憲次、
　　　　斉藤鉄夫、後藤茂之、古川俊治
著　者　大塚　拓、伊藤　渉、大野敬太郎、
　　　　小松　裕、宮崎謙介、山下貴司
発行者　斎藤信次
発行所　東京都港区浜松町1-2-13　〒105-0013
　　　　Tel: 03-3434-3741　　Fax: 03-3434-3745
　　　　http://www.sci-news.co.jp
　　　　郵便振替　出版局　00130-1-152225
印刷所　港北出版印刷株式会社

ISBN978-4-86120-043-4

Printed in Japan
定価はカバーに表示してあります。
編集協力　株式会社　タイム アンド スペース
装丁デザイン　竹内雄二（竹内事務所）